# RICHARD CASANOVA

# DIE ANDERE SICHT

tredition®

Copyright © 2016/2019 Richard Casanova, www.richardcasanova.ch

Lektorat/Buchsatz: Gabi Schmid — PCS Books, www.pcs-books.de

Cover: Corina Witte-Pflanz — OOOGrafik, www.ooografik.de

Autorenfoto: Privat

Grafiken: #137232957, 119455353 © Adobe Stock


Verlag: tredition GmbH, Halenreie 40-44, 22359 Hamburg

www.tredition.de


978-3-7482-4443-1 (Paperback)

978-3-7482-7153-6 (Hardcover)

978-3-7482-7155-0 (e-Book)

1. Auflage (Juli 2016)

2. Überarbeitete Auflage (März 2019)

## VORWORT

Ich wünsche mir, dass meine Gedanken und Überlegungen viele Menschen erreichen, und dass sie diese andere Sicht auf sich und das Leben einnehmen können und einen Versuch starten, dieses Wissen im täglichen Leben anzuwenden. Die damit verbundenen sichtbaren und spürbaren Veränderungen werden überzeugen.

# EINLEITUNG

Gerade hat eine Klientin ihren Termin verschoben. Das gibt mir Zeit zum Nachdenken. Dabei erinnere ich mich an die Numerologie-Analyse, welche ich zum fünfzigsten Geburtstag erhalten habe. Das Ergebnis und das Gespräch mit der Autorin sowie ihre Erklärungen waren beeindruckend. Die Analyse löste in mir entscheidende und tiefgreifende Veränderungen aus.

Zu Beginn konnte ich damit noch nicht sehr viel anfangen. Ich spürte aber intuitiv, dass das bisherige Fundament, auf dem mein Leben aufgebaut war, ins Wanken geriet. So stand in der Analyse, dass ich Fähigkeiten und Energien zur Verfügung hätte, um Kommunikator, Vermittler, Channel, Geschäftsmann oder Philosoph zu sein.

Geschäftsmann war ich im weitesten Sinn bereits seit über zwanzig Jahren. Zuerst arbeitete ich als Devisenhändler, später als Anlageberater und schließlich als Jurist und Leiter der Fachstelle Geldwäschereibekämpfung einer Bank. Philosoph war auch naheliegend, denn eigentlich hatte ich nach der Matura Philosophie studieren wollen. Ich ließ es damals aber aus finanziellen Überlegungen bleiben.

Und Kommunikator, Vermittler und Channel? Ich sprach mit einer Kollegin darüber und sagte ihr mehr zum Spaß, dass ich am Ende noch die Bank verlassen und etwas ganz anderes machen würde. Ich wollte lachen.

Das Lachen blieb mir aber im Halse stecken. Dieses Gefühl werde ich nie vergessen!

In meinem Kopf wirbelten die Gedanken wie wild umher. Es folgte eine lange Zeit der Ungewissheit. Ich war hin- und hergerissen. Ich konnte mir nicht vorstellen, meine interessante und sichere Tätigkeit mit über fünfzig Jahren für etwas Unbekanntes und Ungewisses aufzugeben. Bis zu diesem Zeitpunkt war ich der Meinung, zufrieden und glücklich zu sein.

Ich wurde quasi aus dem Nichts mit grundsätzlichen Fragen des Lebens konfrontiert. Diese Zeit war nicht immer sehr angenehm. Ein solcher innerer Aufruf, sich und sein Leben aus einer anderen Perspektive anzuschauen, ist sehr anstrengend. Es ist ein intensiver Prozess, der viel Zeit und Energie in Anspruch nimmt!

Die „Zufälle" oder das, was einem zufällt, häuften sich. Ich wurde wieder an mein Interesse in meiner Jugend für nicht erklärbare Phänomene und die Grenzwissenschaften erinnert. So begann ich, mich wieder mit solchen Fragen und dem Sinn unseres Lebens auseinanderzusetzen.

Viele hilfreiche Menschen kreuzten in dieser Zeit meinen Weg. Ich besuchte verschiedene Seminare, die mich sehr glücklich und neugierig machten. Ich realisierte, dass es noch eine andere, eine höhere Stufe des Glücks gab. Die anschließende Ausbildung war intensiv. Sie gab mir aber Bestätigung und ein Gefühl tiefer Zufriedenheit.

Ein entscheidendes Erlebnis während der Ausbildung gab mir schließlich die nötige Kraft und Gewissheit, meine Stelle bei der Bank tatsächlich zu kündigen und mich meiner neuen Bestimmung zu widmen. Es war ein unbeschreiblich schönes und befreiendes Gefühl, nach der langen Phase der Findung, plötzlich Gewissheit zu haben und den Entscheid mit innerer Überzeugung fällen zu können.

Mehrere Jahre sind in der Zwischenzeit vergangen. Heute bin ich als Berater und Lehrer tätig und bereue es keinen Tag, diesen Schritt getan zu haben. Es ist schön und bereichernd, Menschen zu helfen und sie in ihrer Entwicklung weiterzubringen.

Mein neues Wissen, meine neue Tätigkeit und meine Erfahrungen haben mich innerlich sehr stark verändert. Ich betrachte das Leben aus einer anderen Sicht und erfahre täglich immer wieder unglaubliche Dinge. Die Anwendung im täglichen Leben zeigt das wahre Potenzial. Es ist eine große Bereicherung, die Lust auf mehr macht.

Die bisherigen Erkenntnisse und meine Erfahrungen möchte ich mit diesem Buch gerne teilen und weitergeben. Ich kann jetzt schon verraten, dass der Weg in die Zufriedenheit und Erfüllung eigentlich viel einfacher ist, als wir denken. Wir müssen aber über unseren eigenen Schatten springen und uns im Denken öffnen. Oft verlassen wir uns zu sehr auf unseren Verstand und unsere Intuition und Gefühle lassen wir dabei außer Acht.

Anhand von Fällen aus meiner Praxis und persönlichen Erfahrungen werde ich beschreiben, wie Probleme mit einer anderen Sicht selbst gelöst werden können.

Da ich erst nach fünfzig Jahren zu meiner Berufung gefunden habe und davor über zwanzig Jahre im *normalen* Berufsalltag stand, kenne ich viele Probleme und Hürden aus eigener Erfahrung und versuche, die Bewältigung unserer Aufgaben lebensnah und leicht verständlich zu beschreiben.

# KAPITEL I
## MEIN GRUNDVERSTÄNDNIS

## BEWUSSTES SEIN

Unser Leben dient der Erweiterung unseres Bewusstseins. Damit diese Erweiterung stattfinden kann, werden wir unser ganzes Leben mit positiven und mit negativen Dingen konfrontiert. Das können Geschehnisse, Erfahrungen, Schicksalsschläge und vieles mehr sein. Sie begleiten uns unser ganzes Leben lang. Die Erweiterung unseres Bewusstseins ist *der Prozess* in unserem Leben.

Den Begriff Bewusstsein verstehe ich als bewusst werden und bewusst sein über uns und unsere Lebensaufgabe und die damit verbundenen Lernschritte. In anderen Worten:

*„Ich bin mir meines Menschseins bewusst
und ich lebe bewusst."*

*oder*

*„Ich lerne auf meinem Lebensweg mithilfe
meines Verstandes, meines Körpers, meines
Geistes und meiner Seele, mich selbst und
die Umwelt kennen und setze die Erkenntnisse in mir und damit in meinem persönlichen Umfeld um."*

Ich vergleiche uns Menschen gerne mit einem Eisberg. Neunzig Prozent des Eisbergs liegen unterhalb der Wasseroberfläche. Gerade einmal zehn Prozent sind für uns sichtbar. Ähnlich verhält es sich mit unserem Bewusstsein. Zu Beginn unseres Lebens kennen wir uns kaum. Das Meiste ist versteckt und uns nicht bewusst. Unsere Aufgabe ist es, diese verborgenen Seiten unserer Person an die Oberfläche zu hieven. So beginnen wir uns selbst zu begreifen und zu verstehen.

## ZWEI EBENEN

Wir Menschen sind geistige Wesen. Wir bestehen aus Körper, Geist und Seele. Unser physischer Körper ist von einem Energiefeld umhüllt. Es hat einen Durchmesser von rund fünf Metern. Dieses Energiefeld wird auch Aura genannt. Es ist das, was uns ausmacht und was wir sind, nämlich Geist und Seele. Es enthält die unvergängliche Essenz jedes einzelnen Menschen.

Unser Geist und unsere Seele nutzen den Körper, um auf der Erde agieren zu können und um Erfahrungen zu machen. Körper, Geist und Seele sind während unseres Erdendaseins eine Einheit. Zum besseren Verständnis trenne ich aber in der Folge den Körper von Geist und Seele. Wie wir sehen werden, ist diese Unterscheidung zwischen dem fassbaren Körper, den wir sehen und fühlen, und dem nicht fassbaren Energiekörper, der Geist und Seele in sich trägt, eminent wichtig und hilfreich.

Wann immer wir agieren und reagieren, so geschieht das auf zwei Ebenen. Wir denken, sprechen und bewegen uns mit unserem Körper und unserem Verstand. Das kennen wir. Es ist uns bewusst und wir verstehen es. Gleichzeitig geschieht dies aber auch in unserem energetischen Körper. Dies ist uns in der Regel weniger bewusst. Es geschieht aber immer. Wir interagieren also mit der Außenwelt immer auf beiden Ebenen.

KOMMUNIKATION
AUF **ZWEI** EBENEN

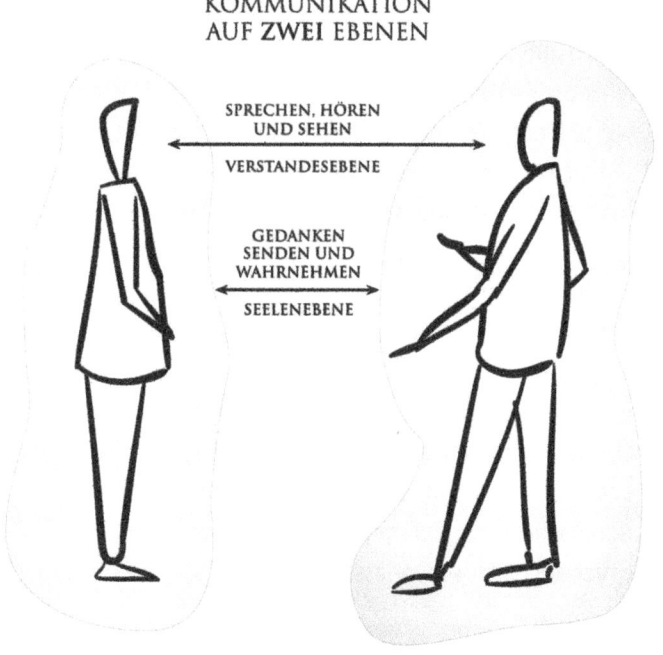

SPRECHEN, HÖREN
UND SEHEN

VERSTANDESEBENE

GEDANKEN
SENDEN UND
WAHRNEHMEN

SEELENEBENE

Wenn sich zwei Menschen treffen, passiert Folgendes: Auf der seelischen Ebene, quasi von Energiefeld zu Energiefeld oder von Seele zu Seele, erkennen wir uns im Bruchteil einer Sekunde. Wir nehmen die andere Person als Geist und Seele wahr und wir wissen sofort, ob diese Person uns sympathisch und vertrauenswürdig ist und ob sie liebe- und respektvoll auf uns zukommt. „Wir haben dann ein Gefühl für diese Person", wie wir jeweils sagen. Das geschieht meistens unbewusst, einfach so.

Auf der körperlichen und für uns fassbaren Ebene schaltet sich der Verstand einen Bruchteil einer Sekunde später ins Geschehen ein. Auf dieser Ebene beginnen wir die Person einzuschätzen und zu beurteilen. Allein schon aufgrund des Aussehens beginnen wir die Person einzuordnen und wir machen uns ein Bild. Dessen sind wir uns natürlich bewusst. Es ist ein Akt des Verstandes.

Kleine Kinder, deren Verstand noch in der Entstehungsphase ist, wie auch die Tiere, leben ganz auf der Gefühls- oder Seelenebene. Trotzdem erkennen auch sie sofort, ob ein Mensch ihnen wohlgesinnt ist und ob es ihm wirklich gut geht. Ist jemand gestresst und wenig ausgeglichen, kann ein Kleinkind schon mal zu schreien beginnen, obwohl die Person lacht und sich bemüht. Das Kind erkennt auf der seelischen Ebene sofort, dass etwas nicht stimmt. Es nimmt wahr, was wirklich ist. Es durchschaut die Person, weil es sich vom äußeren Eindruck nicht täuschen lässt.

Das Gleiche sieht man bei Tieren. Pferde sind sehr feinfühlig und erkennen augenblicklich, ob der Reiter nervös oder ausgeglichen ist. Deshalb können Tiere auch wunderbare Krankenpfleger sein. Hunde und Katzen sind bekanntlich gute Tröster für kranke Menschen. Sie können Geist und Seele des Kranken berühren und sogar die Genesung unterstützen.

Dieses Phänomen können wir auch bei dementen Menschen und bei Alzheimerkranken beobachten. Intellektuell sind diese Menschen ab einem gewissen Stadium nicht mehr erreichbar. Auf der Gefühls- oder Seelenebene können wir mit ihnen aber immer noch wunderbar kommunizieren.

Auf der seelischen Ebene geschieht also ungeheuer viel. Wir nehmen Dinge wahr, die wir auf der Verstandes- und Vernunftebene oft gar nicht erkennen.

Unsere Gedanken sind auch für andere Personen wahrnehmbar. Meistens sind sie sich dessen einfach nicht bewusst. Wenn wir eine andere Person anrufen wollen und sie uns gerade zuvorkommt, sagen wir jeweils: „Das muss Gedankenübertragung sein. Ich wollte dich auch eben anrufen." Oder wir sitzen mit unserem langjährigen Partner zusammen und brauchen gar nichts zu sagen, weil wir uns auch so verstehen.

Unsere Gedanken sind Information und Energie, die vom Empfänger mindestens unbewusst wahrgenommen werden.

Diese Unterscheidung hilft uns, in der Folge vieles besser zu verstehen. Es ist entscheidend, wie und was wir denken. Es genügt schon, wenn wir diese Möglichkeit der Kommunikation nicht von vorneherein ablehnen, sondern sie zulassen. Mit dieser Offenheit geschehen erstaunliche Dinge.

Meine eigenen Erfahrungen faszinieren mich immer wieder aufs Neue. Klienten, die sich damit auseinandersetzen, sind begeistert über diese große Hilfe. Eigentlich ist es Wissen, das uns allen zusteht und uns dient. Wir haben es nur vergessen oder verdrängt. Bei meinen praktischen Beispielen werde ich dies greifbarer machen. Wie wir sehen werden, hilft uns dieses Verständnis ideal bei der Bewältigung unseres Lebens und der Geschehnisse, die uns begegnen.

Da diese Unterscheidung so wichtig ist, möchte ich die bekanntesten Begriffe, welche diese beiden Ebenen beschreiben, in der folgenden Tabelle gegenüberstellen:

| | | |
|---|---|---|
| Körper | — | Geist und Seele |
| Verstand | — | Herz |
| Intellekt | — | Gefühl |
| rationales Denken | — | gefühlvolles Denken |
| Denken mit dem Verstand | — | Denken mit dem Herzen |

| Vernunft, Logik | — | Kreativität, Intuition |
|---|---|---|
| Ego | — | Seele |
| Materie | — | Geist |
| grobstofflich | — | feinstofflich |
| von dieser Welt | — | von der anderen Welt |
| diesseits | — | jenseits |
| sinnlich | — | übersinnlich |
| physisch | — | metaphysisch |

Alle diese Begriffe versuchen, die Unterscheidung der beiden Ebenen auszudrücken und die jeweilige Ebene zu beschreiben. Die Begriffe „Körper / Verstand" und „Seele / Geist" machen diese Unterscheidung und Beschreibung der beiden Ebenen aus meiner Sicht am greifbarsten. Verstand und Körper versinnbildlichen all das, was wir anfassen, was wir beweisen und was wir sehen können. Die Seele und der Geist drücken alles aus, was wir fühlen und spüren können, was sich jedoch auf einer anderen Ebene abspielt. In der Folge werde ich vor allem die Begriffe Verstand oder Verstandesebene sowie Seele oder seelische Ebene verwenden. So gelingt es mir am besten, unser Handeln und unsere Kommunikation verständlich zu beschreiben.

Wie erweitern wir nun unser Bewusstsein? Wie entdecken wir uns selbst? Wie lernen wir uns lieben?

## BEWUSSTSEINSERWEITERUNG

Wir müssen uns bewusst werden und akzeptieren, dass alles, was uns im Leben geschieht und uns begegnet, einen Grund hat. Das gilt für die positiven Geschehnisse und vor allem für die aus unserer Sicht negativen Dinge, weil wir unser Bewusstsein hauptsächlich über negative Geschehnisse und Situationen zu erweitern vermögen. Dazu gehören körperliche Beschwerden, Krankheit, Unfall, zwischenmenschliche Probleme in allen Varianten, Unzufriedenheit, persönliche oder finanzielle Verluste, Stress und vieles mehr. Vor allem das von uns im Leben als negativ Empfundene lädt uns ein, zu lernen und uns zu entwickeln.

Es gibt aus meiner Sicht genügend Beispiele, welche dies belegen. Viele große Erfindungen und Entwicklungen in der Geschichte der Menschheit waren geprägt von Rückschlägen. Oft führten Rückschläge sogar erst zum Durchbruch oder zum besseren Verständnis von Erfindungen oder Entwicklungen. Es gäbe unzählige Beispiele von Erfindern und Tüftlern, die wohl die richtige Idee hatten, aber von Rückschlägen geplagt wurden und manchmal nicht einmal von ihrer Idee profitieren konnten oder den Durchbruch gar nicht mehr erlebten. Viele positive Entwicklungen im Weltgeschehen und in der Wirtschaft sind ebenfalls geprägt von Rückschlägen, die zu positiven Ergebnissen geführt haben. Nicht zu vergessen sind die vielen Komponisten, Autoren und Denker, deren Genialität oft erst nach langer Zeit angenommen und verstanden wurde.

Eine Person, welche ich doch erwähnen möchte, ist Nelson Mandela. Trotz der jahrelangen Haft ist er daran nicht zerbrochen, sondern er hat in dieser Zeit eine unglaubliche innere Kraft und ein starkes Bewusstsein entwickelt. Es gäbe noch viele Beispiele, die aus meiner Sicht belegen, dass uns persönliche Rückschläge weiterbringen, wenn wir daran nicht zerbrechen, sondern daraus lernen und diese als Trieb- und Lernfaktor verstehen.

Dieses Verständnis wird auch indirekt durch die positiven Umstände und Geschehnisse verdeutlicht. Solange alles am Schnürchen läuft, werden wir uns eher selten mit grundlegenden Fragen auseinandersetzen. Es geht uns ja gut und somit gibt es auch keinen Grund, sich zu sorgen und zu grübeln. Der Traum der Insel und das Dolcefarniente sind für unsere Erholung und Ruhe wichtig und oft auch dringend nötig. Das Leben würde aber auf die Dauer für die meisten von uns wohl eher langweilig erscheinen und vor allem gäbe es dann vielleicht keine oder nur eine langsame Bewusstseinserweiterung.

Das zeigt sich auch im Weltgeschehen und in der Wirtschaft wiederum sehr gut. So gab es in der Geschichte viele Staaten und Imperien, die einen sehr hohen Wohlstand erreichten und große Macht hatten und mit der Zeit daran zerbrachen. Erst danach konnte wieder Neues entstehen. In der Wirtschaft sind es oft große Konzerne, die an der schieren Größe und Marktstärke zerbrechen. Erst nach der Auflösung oder Zerschlagung kann Neues entstehen und sich wieder Fortschritt zeigen.

Im persönlichen Leben beginnt sich das schon in dem Moment zu ändern, wenn wir Angst bekommen, das gute Leben und die materiellen Annehmlichkeiten zu verlieren. Bereits dann kommen wir durch diese Angst in einen negativen Zustand, der uns beschäftigt und uns unglücklich oder sogar krank machen kann, ohne dass schon etwas passiert wäre. Neueste Studien zeigen, dass die Angst einen großen Einfluss auf unsere Wahrnehmung hat. Allein die negativen und von Angst geprägten Gedanken reichen aus, um uns zu blockieren und eine negative Haltung einzunehmen. Wir beginnen Geschehnisse und Umstände vermehrt aus einer pessimistischen Sicht zu beurteilen.

## BEWUSST LERNEN

Wenn wir negative Geschehnisse und Situationen als Hilfe unserer Bewusstseinserweiterung akzeptieren können, wird vieles einfacher und leichter. Ich habe gelernt, dass ich mit Widerständen und negativen Geschehnissen jeden Tag etwas lernen und daran wachsen kann. Ein ehemaliger Arbeitskollege sagte jeweils: „Alles Schlechte ist für etwas Besseres."

Einen Beweis dafür findet jeder in seinem Leben. Wenn wir auf unser bisheriges Leben zurückschauen, gibt es sicher mehrere Situationen und Geschehnisse, die das belegen. So bestand meine Mutter bspw. darauf, dass ich während der Sekundarschule Latein lernte. Ich war zu dieser Zeit wirklich keine Leuchte und ging lieber auf den Sportplatz. Weil es viel zu viele Sekundarschüler gab, wurden diejenigen, die Latein lernten, ins Gymnasium geschickt. Zu dieser Zeit war mein Interesse an der Schule gering und ich hätte ohne diesen Wechsel wohl die erste Sekundarschule wiederholen müssen. Mit diesem Wechsel wurde mir das erspart und ich begann zu lernen und konnte schließlich mit der Matura abschließen.

Meine Magen-Darm-Probleme während meiner Findungsphase rüttelten mich auf und führten mich zu Menschen, die mich auf dem Weg der Veränderung unterstützten.

So gesehen sind alle negativen Erlebnisse ein Geschenk des Lebens, auch wenn sie im Moment des Geschehens nicht immer als solche erkannt werden.

Wenn wir also begreifen und verstehen, dass alles im Leben einen Grund hat und wir aus allen Situationen etwas lernen und unser Bewusstsein erweitern können, stehen wir mitten in unserer Lebensaufgabe.

Es werden uns dadurch immer mehr Dinge verständlich und es fällt uns immer leichter, diese anzunehmen. Dabei müssen wir aber auch akzeptieren, dass die Gründe für gewisse Geschehnisse in unserem Leben nicht immer geklärt werden können. Wenn jemand einen Flug bucht und das Flugzeug abstürzt und jemand wegen Grippe den gleichen Flug abgesagt hat, so stellen sich Fragen, die wir vermutlich nie beantworten können. Wir sprechen dann oft von Schicksal oder Bestimmung.

Erklärungsansätze geben uns Weltanschauungen und Religionen. Ich verzichte darauf, eine Ideologie oder Weltanschauung zu präsentieren oder eine bestehende in den Vordergrund zu stellen. Ich will nur zeigen, wie wir negative Geschehnisse für unsere Entwicklung nutzen können. Unabhängig von unserer Weltanschauung oder unserem Glauben können wir lernen, mit negativen Ereignissen umzugehen, uns mit dem Geschehenen auseinanderzusetzen und im Idealfall so anzunehmen. Nur auf diesem Weg können wir die physischen und psychischen Beeinträchtigungen langfristig vermeiden oder korrigieren.

Glücklicherweise sind es nicht immer solch schwere Schicksalsschläge wie Flugzeugabstürze, die uns begleiten. Es ist auch nicht nötig, dass wir solche schlimmen Zeiten wie Nelson Mandela durchleben müssen. Es gibt aber jeden Tag unzählige Geschehnisse und Erlebnisse, die uns einladen, zu lernen.

Das ist für mich Spiritualität. Unser ganz normales tägliches Leben ist gelebte Spiritualität. Durch unser Leben und die Umstände können wir unser Bewusstsein erweitern. Mit unseren Erlebnissen und Erfahrungen lernen wir, uns und das Verborgene in uns kennen. Wir gehen so in die Spiritualität, in den Geist zurück. Wir sind Geist und kommen mit unserer Geburt in die Materie, um Erfahrungen zu machen. Diese Erfahrungen erweitern unser Bewusstsein und führen uns Schritt für Schritt zurück in den Geist, der wir alle sind.

## ZUSAMMENGEFASST

Unsere Hauptaufgabe im Leben ist die Erweiterung unseres Bewusstseins durch die Lebensumstände, an welche wir herangeführt werden. Entscheidend ist dabei, wie wir auf diese Herausforderungen reagieren!

# KAPITEL II

## FÜNF KATEGORIEN

Alle unsere Probleme und Schwierigkeiten sowie alle inneren Widerstände dienen also der Erweiterung unseres Bewusstseins.

Sie sind ein Aufruf, uns und unser Verhalten genauer zu betrachten. Wenn wir die negativen Vorkommnisse und Erlebnisse als das verstehen und begreifen, sind sie ein geeignetes Hilfsmittel, um die Ursachen in uns zu finden. Haben wir die Ursachen erkannt, können wir mit der Bearbeitung beginnen.

Bevor wir die Schritte der Bearbeitung näher betrachten, schauen wir uns die verschiedenen Kategorien von Schwierigkeiten und Problemen an.

Ich unterteile das von uns negativ Empfundene und Erlebte in die fünf folgenden Kategorien:

1. Krankheiten, körperliche Beschwerden und Unfälle sind eine erste Gruppe. Der Körper ist der Seismograf unserer Seele. Unser Geist und unsere Seele drücken ihr Befinden über unseren Körper aus. Aus wissenschaftlicher Sicht widmet sich die Psychosomatik diesem Phänomen.

2. Gefühle und Emotionen sind ein weiterer Bereich, der uns hilft, unsere Schwierigkeiten und deren Ursachen zu erkennen.

3. Eine ganz wichtige Kategorie stellen unsere zwischenmenschlichen Probleme dar. Unsere Mitmenschen sind unser Spiegel und lassen viele Rückschlüsse auf uns selbst zu.

4. Die Erziehungs- und Glaubensmuster sind ein weiterer Fundus. Die Muster sind uns oft gar nicht bewusst, weil sie schon in frühester Kindheit entstehen.

5. Auch die Umstände, in denen wir leben, und unser Umfeld können uns auf unserem Lebensweg unterstützen.

Wie diese fünf Kategorien uns helfen, will ich in den folgenden Kapiteln ausführlich zeigen.

# KAPITEL III

## KÖRPER UND PSYCHE

KAPITEL III

## DER KÖRPER ALS SEISMOGRAF

Gesundheitliche Probleme wie beispielsweise Nacken- und Rückenschmerzen, Gelenkschmerzen, Magenschmerzen, Verdauungsprobleme, Stress, Erschöpfung oder Schlafstörungen sowie Unfälle sind Hinweise, dass etwas auf der Seelenebene nicht im Lot ist.

In all diesen Fällen gilt es, die Symptome anzuschauen, zu analysieren und nach den Ursachen zu forschen. Diese Ursachenforschung ist die Grundlage auf dem Weg zurück zu Wohlbefinden, Gesundheit und Zufriedenheit. Darauf möchte ich nun näher eingehen.

Unser Körper ist ein hervorragender Seismograf bzw. Indikator unseres seelischen und geistigen Zustandes.

Wenn wir im Gleichgewicht sind, d.h. glücklich und zufrieden, dann geht es uns in der Regel auch gesundheitlich gut. Wenn uns aber Sorgen, Ängste, Streit, Unzufriedenheit, Aggressionen, Stress etc. begleiten und auch überhandnehmen, dann fallen wir aus dem Gleichgewicht. Wenn diese negativen Zustände über längere Zeit andauern oder sogar im Zentrum unseres Lebens stehen, dann beginnen unsere Seele und unser Geist zu rebellieren und drücken dies über den Körper mit Beschwerden, Krankheiten, Unfällen oder innerer Unzufriedenheit aus. Diese physischen und psychischen

Beeinträchtigungen fordern uns dann auf, uns oder gewisse Dinge zu ändern, um wieder ins Gleichgewicht zu finden.

Wir kennen dieses Zusammenspiel zwischen Körper, Geist und Seele. Wir finden es in verschiedenen alten und bekannten Redewendungen:

*„Ich habe die Nase voll."*

oder

*„Mir ist etwas über die Leber gekrochen."*

oder

*„Mir kommt die Galle hoch."*

oder

*„Mein Liebeskummer bricht mir das Herz."*

Wenn wir die Nase voll haben, geht dies oft mit Erkältungen einher. Ärger oder psychische Verletzungen können unserer Leber und Gallenblase mehr schaden als Alkohol und unser Herz zeigt plötzlich Schwäche (Syndrom des gebrochenen Herzens), ohne dass ein Herzinfarkt diagnostiziert werden kann. Zu Letzterem gibt es mannigfaltige Literatur und eine aktuelle Studie zu diesem sog. Takotsubo-Syndrom (beispielsweise beim Verlust einer geliebten Person, Mobbing, Familienstreitigkeiten etc.).

Wie wir gesehen haben, ist unser Körper das Greif- und Fassbare. Die Seele und der Geist sind im Energiekörper, welcher unseren physischen Körper umhüllt und alles beinhaltet: unsere Gefühle, Emotionen, Erfahrungen, Erlebnisse, einfach alles, was uns ausmacht.

Unser Körper ist das Gefährt unserer Seele. Die Seele und der Geist sind unser wahres Wesen. Die Seele und der Geist kommunizieren mit dem Körper und umgekehrt. Deshalb nenne ich den Körper den Seismografen unserer Seele und unseres Geistes. Wenn wir nicht nach unserer Seele leben, wird sich diese Unerfülltheit im Körper mit physischen und psychischen Beeinträchtigungen manifestieren. Der Körper ist das Sprachrohr der Seele und des Geistes. Er spricht mit uns!

Die physischen und psychischen Beeinträchtigungen haben mit anderen Worten einen tieferen Sinn, auch wenn wir vielleicht in solchen Momenten nicht in der Lage sind, den Sinn zu erkennen. Wir sind aber aufgefordert, nachzudenken und nach den möglichen Ursachen zu forschen. Dieses Zusammenspiel von Körper, Geist und Seele ist ein zentraler Aspekt unseres Lebens. Wenn wir versuchen, diesen Mechanismus zu verstehen und dafür auch offen sind, werden gewisse Dinge besser nachvollzieh- und akzeptierbar und wir können sie sogar ändern.

Dieses Verständnis finden wir in der Psychosomatik. Schon die Übersetzung des Wortes Psychosomatik aus dem Griechischen verdeutlicht dies. Das Wort besteht aus den beiden Wörtern *Psyche* und *Soma*. Die Psyche ist der Atem, der Hauch oder die Seele. Das Wort Soma bedeutet Körper, Leib oder Leben.

Die Psychosomatik befasst sich mit dem Zusammenspiel von Körper, Geist und Seele. Sie ordnet den psychischen und physischen Beeinträchtigungen mögliche seelische Ursachen zu. Dieses Wissen hilft uns bei der Suche nach den Hintergründen unserer eigenen Beeinträchtigungen. Wenn wir diese erkannt haben oder wenigstens die möglichen Ursachen eingegrenzt haben, wird es leichter, an uns selbst zu arbeiten und die nötigen Änderungen einzuleiten. So wird eine erfolgreiche Grundlage für die Genesung gelegt. Solange wir nur die Symptome bekämpfen, mag wohl vorübergehend eine Art Besserung der Gesundheit unseres Körpers eintreten. Die Ursachen bleiben aber bestehen und sie werden sich irgendwann auch wieder körperlich bemerkbar machen.

Deshalb ist es wichtig, auf die Ursachen einzugehen bzw. diese zu suchen und ernst zu nehmen, weil unsere Seele und unser Geist dies verlangen und mit weiteren physischen und psychischen Beeinträchtigungen immer wieder darauf hinweisen.

Es gibt dazu sehr hilfreiche Bücher. Das Buch von Rüdiger Dahlke „Krankheit als Symbol", das Buch von Christiane Beerlandt „Der Schlüssel zur Selbstbefreiung" und das Buch von Björn Eybl „Die seelischen Ursachen der Krankheiten" unterstützen mich bei meiner Arbeit.

## DIE MEDIZIN UND UNSER SEISMOGRAF

Unser Gesundheitssystem ist auf einem sehr hohen Niveau angelangt und eine große Hilfe. Die Möglichkeiten der Medizin lassen uns aber leider oft das Zusammenspiel zwischen Körper, Geist und Seele vergessen. Wir gehen zum Arzt und vielleicht ins Spital, um die Folgen der Krankheit oder des Unfalls zu beheben. Vor allem bei Unfällen ist das natürlich manchmal unumgänglich. Wenn alles wieder gut ist, geht es aber oft wie bisher weiter und wir vergessen allzu leicht, über die Ursachen nachzudenken.

Die Machbarkeit der heutigen Medizin darf aber nicht darüber hinwegtäuschen, dass diese Machbarkeit bei der Seele wenig Erfolg hat. Das gilt im Übrigen auch für alle alternativen Behandlungsmethoden. Solange wir nur die Symptome bekämpfen und die Ursachenforschung außer Acht lassen, werden wir dem Anliegen der Seele und des Geistes nicht gerecht. Unsere Seele und unser Geist haben uns über den Körper eine Botschaft gegeben und diese verlangt nach einer Änderung oder Anpassung unseres Lebens oder der Verarbeitung früherer Erlebnisse oder Gefühle. Wenn wir nicht nach der „versteckten Botschaft" suchen und sie nicht erkennen und nur die körperlichen Leiden oder die Unfallfolgen behandeln lassen, ist nicht auszuschließen, dass wir später andere oder wieder ähnliche Leiden oder Unfälle haben werden.

Ich möchte dies am folgenden Beispiel illustrieren: Wenn jemand einen Herzinfarkt erleidet, so sind wir um die heutige medizinische Versorgung und deren Möglichkeiten im Herzbereich mehr als dankbar. Oft werden die Patienten danach sogar ein besseres Leben führen.

In einem solchen Fall ist die Gefahr aber groß, dass der Patient die Suche nach den Ursachen vergisst, da es ihm wieder gut geht. Das ist jedoch sehr schade, denn es gibt mit Bestimmtheit einen Grund für den Herzinfarkt, der nicht allein bei mechanischen Unzulänglichkeiten oder bei Umwelteinflüssen zu suchen ist. Die Botschaft der Seele bleibt damit ohne Bearbeitung im Raum stehen.

Meine Erfahrungen mit Herzinfarktpatienten haben immer wieder gezeigt, wie wichtig es jeweils ist, die Gründe dafür zu suchen. Die Aufarbeitung der wirklichen Gründe braucht Zeit und viel Engagement und Offenheit der betroffenen Person. Dies lohnt sich aber unbedingt!

Auch ich habe diese Erfahrung selbst gemacht. Vor ein paar Jahren ging ich zum Arzt, weil sich meine Haut an einer Stelle am Kopf nicht mehr schließen wollte. Der Arzt stellte folgende Diagnose: „Es handelt sich um ein Basaliom."

Ich wusste nicht, was das ist und fragte nach. Er sagte mir, dass das weißer Hautkrebs sei. Diese Aussage ließ mich ein paar Mal leer schlucken.

Krebs – ich? Die Erklärung des Arztes, dass dieser Krebs nur sehr langsam wachse und gut behandelbar sei, beruhigte mich ein wenig. Ich erhielt eine chemotherapeutische Salbe und bestrich die Stelle damit, bis sich die Haut nach rund einem halben Jahr wieder schloss. Damit war ich repariert und das Thema war für mich erledigt. Ich hatte ja Wichtigeres zu tun und keine Zeit für Krankheiten und war jetzt geheilt. Damals wusste ich noch nicht, dass es wichtige Fragen zu stellen gegeben hätte. Ich kannte auch niemanden in meinem Umfeld, der dazu etwas hätte sagen können. Ich habe weder gefragt, noch darüber gesprochen.

Kurze Zeit, nachdem ich die in der Einleitung erwähnte Numerologie-Analyse erhalten hatte, musste ich wieder zum Arzt, weil sich eine aufgekratzte Stelle an meiner Stirn wieder nicht schließen wollte. Der weiße Krebs hatte wieder eine Stelle an meiner Stirn gefunden, um mir einen Hinweis zu geben. Diese Stelle lag in einer

Falte und konnte vom Arzt sofort entfernt werden. Mein Arzt, ebenfalls mit wenig Haaren aber ohne Hautprobleme, konnte es sich nicht erklären und riet mir, einen Hut zu tragen. Es war ihm aber eigentlich unbegreiflich, sahen wir uns doch höchstens alle zehn Jahre und ich war dann doch immer bei bester Gesundheit.

Mir machte dieser zweite Fall aber wirklich Sorgen. Ich dachte nicht mehr nur darüber nach, ob der Sonnenschutzfaktor meiner Sonnencreme zu niedrig war oder dass ich einen Hut tragen sollte. Ich dachte viel weiter: Das alljährliche Skifahren im Frühling legte vielleicht die Grundlage, die wirkliche Ursache konnte es aber auch nicht sein. Ich machte mir plötzlich ernsthafte Gedanken, warum schon wieder solch eine Hautirritation auftrat und wie es weitergehen sollte?

Die Numerologie-Analyse war somit genau zum richtigen Zeitpunkt gekommen. Sie hatte mich sowieso schon zum Denken über mein Leben angeregt und der erneute Befund bestätigte mir, dass ich etwas ändern musste. Die große Frage war natürlich nur was? Es dauerte lange, bis ich die Lösung fand.

Heute ist mir bewusst, dass meine damalige Arbeit und meine Art mich zu oft „aus der Haut fahren" ließ. Ich haderte mit dem Unverständnis, das mir oft entgegengebracht wurde und ich haderte auch mit mir selbst. Ich hatte auch Mühe, mich abzugrenzen. So tat ich vieles nach der Vorstellung anderer, obwohl ich es eigentlich auf meine Art erledigen wollte; mir fehlte der Mut und die Selbstsicherheit.

Mein eigenes Beispiel zeigt, dass die medizinische Behandlung beide Male von Erfolg geprägt war. Sie zeigt aber auch, dass ohne das Erkennen der wirklichen Ursache und deren Bearbeitung, die gleichen oder ähnliche Krankheiten immer wieder zurückkommen. Die Schulmedizin kann für uns eine wichtige und hilfreiche Stütze sein. Da sie aber ihr Augenmerk hauptsächlich auf die Symptombekämpfung legt, dürfen wir die notwendige Gesamtbetrachtung und die Ursachenforschung nicht vergessen. Selbstredend sollten bei der Behandlung der körperlichen Schädigungen und Schwächen, neben den medizinischen Behandlungsmethoden, auch mögliche alternative Behandlungsmethoden erwogen werden. Das gilt auch bei der Wahl von Medikamenten und anderen Mitteln. Das Wissen um diese Zusammenhänge und ein offenes Gespräch sind eine gute Grundlage und helfen, die Ursachenforschung schon während der Symptombekämpfung zu beginnen.

Das lässt sich bei Problemen mit der Prostata ebenfalls gut zeigen. Oft sehe ich bei Klienten mit einer Prostatavergrößerung, dass sie vom Arzt bei ersten Beschwerden beim Wasserlassen ein Medikament erhalten, welches das Wasserlösen erleichtert. Die Prostata wächst über die Jahre weiter und dann erfolgt unausweichlich die Prostataoperation.

Eine Alternative wäre u. a. die Fußreflexzonenmassage, und zwar schon beim Auftreten der ersten Probleme mit dem Wasserlassen. Mit der Massage der entsprechenden Reflexpunkte an beiden Füßen wird eine rund fünfmal stärkere Durchblutung und damit eine Verkleinerung der Prostata erreicht. Die Reflexpunkte kann der Betroffene sogar selbst massieren und die Resultate sind beachtlich und können eine Operation verhindern. Jede Operation birgt Risiken und Nebenwirkungen.

Natürlich ist mir bewusst, dass es viel einfacher erscheint, eine Pille zu schlucken und schließlich unters Messer zu gehen. Ich würde die Alternative vorziehen. Sollten die Beschwerden nicht weggehen und die Prostata sich nicht wieder verkleinern, ist immer noch Zeit für Tabletten und eine Operation.

Viel wichtiger ist meines Erachtens jedoch die Frage nach der Ursache. Vielleicht geht es beim Betroffenen um die Anerkennung und Bearbeitung des Themas Polarität (Männlichkeit versus Weiblichkeit) oder den Genuss des Alters und der Erfahrung oder des Loslassens, was nicht mehr im Vordergrund steht (vgl. R. Dahlke, Krankheit als Symbol).

Oft sind diese Männer auch in ihrer Lebensentwicklung stillgestanden. Die Vergrößerung geht häufig mit dem Austritt aus dem Erwerbsleben einher. Es ist auch nicht auszuschließen, dass die Funktionen der Leber durch Gallensteine blockiert oder zumindest gehemmt werden und dadurch die Prostatafunktion beeinträchtigen. Eine ausschließliche Behandlung der Prostata mit Medikamenten und die Möglichkeit einer späteren Operation werden die Auseinandersetzung mit den genannten Ursachen höchstwahrscheinlich vermissen lassen. Dies bestätigen meine bisherigen Erfahrungen mit Klienten. Die Beschwerden waren nach der Operation zwar weg und damit aber auch das Bedürfnis, nach den Gründen zu suchen.

Schließlich muss uns bewusst werden, dass selbst bei einem Knochenbruch der Chirurg zwar die Knochen wieder richtig zusammenfügt, der Heilungsprozess und das Zusammenwachsen der Knochen erfolgt durch uns bzw. unseren Körper. Dies dürfen wir nie vergessen. Unser Körper ist ein fantastisches Gebilde. Wir sollten wieder vermehrt auf ihn hören und ihn mit Respekt behandeln.

Wir sollten immer alle möglichen Behandlungen in Betracht ziehen und uns mit den möglichen Ursachen auseinandersetzen. Es ist wichtig, dass wir die Verantwortung für uns und unseren Körper wieder in den Vordergrund stellen und jede vorgeschlagene Behandlungsmethode, sei es vom Arzt oder Komplementärmediziner, kritisch betrachten und gegeneinander abwägen.

Schlussendlich tragen doch immer wir selbst die Verantwortung. Diese wird uns nie abgenommen, weder im Spital vor einer Operation noch bei alternativen Behandlungsmethoden.

Wie wir sehen werden, ist dies sogar richtig. Es bedeutet aber, dass wir uns ein möglichst umfassendes Bild machen sollten, bevor wir unseren Körper in die Hände des Behandelnden geben. Das braucht wohl etwas Zeit und Geduld. Diese sollten wir aber für uns unbedingt in Anspruch nehmen. Die Machbarkeit und das schnelle Resultat vorgeschlagener medizinischer Behandlungen können manchmal durchaus richtig sein, dürfen aber nicht dazu verleiten, alles kritiklos und ohne zu hinterfragen, anzunehmen.

Sehr hilfreich ist es, den Arzt jeweils zu fragen, ob er sich, seine Ehefrau oder seine Kinder der vorgeschlagenen Behandlung auch unterziehen würde.

Ein weiteres Beispiel soll diese Problematik verdeutlichen. Wenn eine Frau starke Kopfschmerzen hat, ist es wenig sinnvoll, wenn sie ohne zu hinterfragen, Schmerztabletten nimmt. Vielleicht ist eine belastende persönliche Situation der Grund. Vielleicht liegt es aber nur an den hohen Schuhen, die bei ständigem Tragen zu Kopfschmerzen führen können. Die Zehen, vor allem die beiden großen Zehen, werden durch die Stellung in einem hohen Schuh einem starken Druck ausgesetzt. Da die großen Zehen die Reflexpunkte des Kopfes beherbergen, sind Kopfschmerzen leicht erklärbar. Der vorübergehende Verzicht bzw. das Tragen von flachen Schuhen kann das Rätsel vielleicht lösen.

## BERUFLICHE UND ALTERSBEDINGTE KÖRPERLICHE BEEINTRÄCHTIGUNGEN

Diese und die nachfolgenden Überlegungen treffen natürlich bei berufs- und altersbedingten körperlichen Problemen nicht bzw. nur bedingt zu. Es gibt viele Berufe, die körperliche Schwerstarbeit bedeuten und auch mit dem Alter baut unser Körper bekanntlich ab, ohne dass hier immer eine seelische Ursache zu suchen wäre.

Mein Großvater arbeitete bei der Schweizerischen Bundesbahn als Rangierarbeiter. Das ständige Auf- und Abspringen von fahrenden Güterzügen forderte von seinen Hüften entsprechenden Tribut. Nach seiner Pensionierung und seinen beiden Hüftoperationen konnte er wieder schmerzfrei laufen und sein Leben genießen.

## UMWELTEINFLÜSSE

Ein weiteres wichtiges Element sind die nicht zu unterschätzenden Umwelteinflüsse. Sie können die Suche nach den Ursachen erschweren und müssen deshalb in eine Gesamtbetrachtung einbezogen werden. Wenn ich beispielsweise Amalgamfüllungen habe, die in der Zahnmedizin früher Standard waren, so ist die vordergründige Ursache schnell klar.

Warum die Zähne überhaupt geflickt werden mussten, ist die Frage nach den Hintergründen, weil die Zähne jeweils einem Organ zugeordnet werden können und in Verbindung stehen. Wenn die Amalgamfüllungen schadhaft werden und Quecksilber abgeben, kann auch die Niere, die Leber und das Nervensystem in Mitleidenschaft gezogen werden. In diesem Stadium wäre neben der Ursachenforschung eine Reinigung der Leber und der Nieren angezeigt.


## ESS- UND TRINKVERHALTEN

Aufzuführen ist auch unser Ess- und Trinkverhalten. Aufgrund des Zeitdrucks verfallen wir immer mehr dem „Fast Food" oder mindestens all den vorproduzierten Mahlzeiten und den Süßgetränken. Sie können unsere wichtigen Filterorgane, die Leber und die Niere, schwächen und mit der Zeit sogar schädigen.

Ich hatte Klienten, die täglich große Mengen an Süßgetränken zu sich nahmen und dadurch Magen- und Darmbeschwerden bekamen. Wir sollten deshalb auch unser Ess- und Trinkverhalten immer wieder kritisch betrachten. Ich bin kein Spezialist auf diesem Gebiet, empfehle aber gerne das Buch von Andreas Moritz „Die wundersame Leber- und Gallenblasenreinigung".

Darin finden sich viele wertvolle Hinweise zu einem gesunden Ess- und Trinkverhalten. Andreas Moritz zeigt darin auch auf, welche Umwelteinflüsse zu Leber- und Gallensteinen führen und Leber, Niere sowie indirekt andere Organe und Körperfunktionen beeinträchtigen.

Ich habe diese Reinigungen selbst durchgeführt. Schon bei der ersten Reinigung stellte ich fest, dass mein rechtes Knie wieder besser geölt war, meine Halswirbel lockerer wurden und noch einiges mehr. Aus meiner Sicht sehr empfehlenswert und eine gute Gesundheitsvorsorge. Diese Reinigung kann man gut selbst machen. Abgesehen vom Buchkauf entstehen keine nennenswerten Kosten. Es ist eine Möglichkeit, die Verantwortung für den eigenen Körper zu übernehmen und ihm Sorge zu tragen.

Obwohl die Umwelteinflüsse, das Ess- und Trinkverhalten zu Krankheiten und Beschwerden führen können und auch das Alter eine Rolle spielt, dürfen wir uns aber über die Wichtigkeit der Ursachenforschung nicht täuschen lassen. Meine Erfahrung zeigt, dass bei genauer Betrachtung selbst hinter den vordergründigen Umwelteinflüssen und dem Ess- und Trinkverhalten, Ursachen zu finden sind. Die Lösung dieses Umstandes sehe ich in der Gesamtbetrachtung des Menschen in allen Aspekten.

# KAPITEL IV

## VORSTUFEN ZU
## BESCHWERDEN, KRANKHEIT
## UND UNFALL

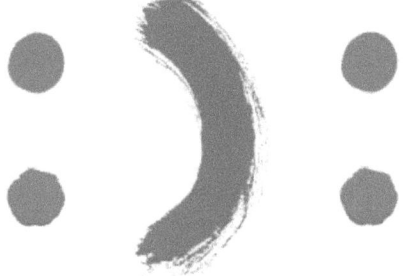

Negative Gefühle und Emotionen sind Indikatoren, dass etwas auf der seelischen Ebene nicht stimmt. Wenn wir ihnen keine Beachtung schenken, ist es durchaus möglich, dass sie sich über die Zeit im Körper als Beschwerden oder Krankheiten manifestieren oder dass es zu Unfällen kommt. Zu diesen Gefühlen und Emotionen gehören Unzufriedenheit, Traurigkeit, Ängste, Depressionen, Aggressionen, Wut, Ärger und Ungeduld.

Die Gemütszustände Unzufriedenheit, Wut, Ärger und Aggressionen sind heute sehr präsent und verdienen eine nähere Betrachtung.

## DIE HINTERGRÜNDE

Ich treffe und beobachte oft Personen, die sich über andere Menschen oder sonstige Dinge ärgern. Viele sind wütend oder verhalten sich gar aggressiv.

Jetzt kann man sich natürlich fragen, was daran so schlimm ist und warum man es ändern sollte. Es gibt zwei Gründe, die dafür sprechen: Die Tatsache, dass uns diese Gemütszustände gesundheitlich schaden und dass es ein Hinweis auf unverarbeitete Themen ist, deren Ursachen wir finden und verarbeiten können.

Es gibt dafür immer einen tieferen Grund. Auch

diese Gemütszustände produzieren wir wie Krankheiten und Beschwerden immer selbst. Es können unkontrollierte oder unterdrückte Gefühle sein, Überforderung, Stress, Ängste, innere Unzufriedenheit, psychische oder physische Verletzungen und negative Erfahrungen aller Art oder mangelnder Schlaf aufgrund von Sorgen.

Manchmal sind es aber auch ganz handfeste Gründe, die uns am Schlafen hindern. Dazu gehören etwa Wasseradern und Elektrosmog. Auf dieses Thema möchte ich an dieser Stelle nicht näher eingehen. Es gibt dazu bereits viel Fachliteratur. Es ist aber ein wichtiger Aspekt bei den Abklärungen mit meinen Klienten und ist unbedingt zu berücksichtigen. Wie wir gesehen haben, gilt das ohnehin für alle weiteren möglichen Umwelteinflüsse.

Sofern wir uns in einem dieser Gemütszustände befinden, werden wir mit unzähligen Dingen und Situationen konfrontiert, die uns nerven und ärgern. Wir sind verspätet, rennen auf die Straßenbahn und ärgern uns, dass der Straßenbahnführer nicht noch einmal die Tür öffnet, sondern wegfährt.

Wir ärgern uns über den Vorgesetzten, der es unserer Ansicht nach falsch macht und immer nur fordert oder darüber, dass er uns ein aus unserer Sicht kaum zu bewältigendes Pensum zur Bearbeitung übergibt. Wir ärgern uns über die Politik oder das Wetter.

Egal, welche Situation, der Frust sitzt dann tief. Sind wir innerlich hingegen ausgeglichen und zufrieden mit uns und unserem Leben, kommen diese Gemütszustände nicht oder viel weniger vor.

Es ist nicht notwendig, dass wir uns vertieft mit den einzelnen Zuständen auseinandersetzen. Es ist viel wichtiger, zu erkennen und zu verstehen, dass sie uns immer innere Kämpfe spiegeln.

Wir sind dann nicht ausgeglichen. Körper, Geist und Seele sind nicht im Gleichgewicht oder anders gesagt, unsere Seele ist mit etwas unzufrieden. Neben den bereits erwähnten Ursachen können es auch Verletzungen aus Kindheit oder Jugend sein oder schwierige Erlebnisse, die unsere Gefühle immer wieder aufwühlen.

Es können aktuelle Lebenssituationen sein, die wir nicht zu bereinigen vermögen oder wir haben Angst, die Kontrolle zu verlieren. Wir fühlen instinktiv, dass wir in den beschriebenen Situationen und Zuständen nicht zufrieden sind und reagieren mit Ärger, Angst und Wut, vergessen aber leicht, dass es ein Aufruf ist, mit der Ursachenforschung zu beginnen.

## STRESS ALS HAUPTFAKTOR

Eine Hauptursache dieser Gemütszustände und auch der Krankheiten und Beschwerden ist für mich heute vor allem der Stress. Verschiedene Studien belegen dies und decken sich auch mit meinen Erfahrungen. Der Stress entsteht nicht nur im klassischen Sinn bei Überforderung einzelner Personen bei ihrer Arbeit, sondern ich erachte Stress als ein flächendeckendes Phänomen und Problem.

Das Tempo und die Kadenz in der heutigen Arbeitswelt sind aus meiner Sicht die Hauptfaktoren dafür. Es ist die Art und Weise, wie wir heute arbeiten. Neben dem Tempo und der Kadenz ist es auch dieses omnipräsente Konkurrenzdenken. Wir haben generell vergessen, dass wir miteinander viel mehr erreichen können, als wenn wir gegeneinander arbeiten. Das ständige Vergleichen und Beurteilen ist ein nicht zu unterschätzendes Führungsinstrument geworden. Die „menschlichen Ressourcen" können so vermeintlich besser gesteuert werden, weil uns die Angst vor dem Verlust der Arbeit ständig unter Druck hält und zu mehr Leistung antreibt. Das kurzfristige gewinnorientierte Denken und die ständigen Reorganisationen verdecken die negativen Auswirkungen auf die Arbeitenden.

Das sind die eigentlichen Probleme, nicht ein großes Arbeitsvolumen. Früher waren Arbeitswochen mit fünfzig und mehr Stunden nämlich die Regel und Ferien kannte man nicht. In der Landwirtschaft ist das auch heute noch so. Die Kühe müssen auch am Samstag und Sonntag gemolken und gefüttert werden. Es geht auf dem Bauernhof sehr früh los und endet spät am Abend. Der Bauer arbeitet in der Natur und mit der Natur. Er macht Pausen und nimmt sich in der Regel auch die Zeit für eine Mittagspause. Nach verrichteter Arbeit geht er müde und zufrieden ins Bett und wird entsprechend gut schlafen.

Selbst wenn das Bauernleben zu idyllisch gezeichnet ist, so dient es mir zur Darstellung des Problems. Ich habe als Jugendlicher oft bei einem benachbarten Bauern ausgeholfen und sein Leben so wahrgenommen.

Früher gingen auch die anderen Erwerbstätigen meist öfter nach Hause fürs Mittagessen. Eine zweistündige Mittagspause war vielfach die Regel. Heute gehen wir nicht einmal fürs Essen vom Arbeitsplatz weg. In einigen Unternehmen wird das Essen sogar an den Arbeitsplatz geliefert. Die Idee, die oft dahinter steht, nämlich früher nach Hause zu gehen, wird trotzdem immer mehr zur Illusion. Selbstverständlich pendeln wir auch immer öfter und länger. Manchmal sind es wirtschaftliche Zwänge oder aber die Liebe zur Natur, warum wir aufs Land ziehen, weil sie uns einen Ausgleich zur Hektik des Alltags gibt. Damit kommen oft noch einmal ein bis zwei Stunden Arbeitsweg hinzu. Gewiefte Arbeitgeber bezahlen für die Arbeiten, die man auf dem Arbeitsweg am Laptop verrichtet. Der zur Verfügung gestellte Laptop lässt dann auch noch die Bearbeitung der Mails zu Hause zu. Es ist beunruhigend, wie die Ruhephasen durch diese Entwicklung immer kürzer werden oder gar nicht mehr existieren. Es ist also nicht das Arbeitspensum an sich, sondern das Tempo, die Kadenz und die Art und Weise, wie heute in vielen Unternehmen gearbeitet wird.

Diese Veränderungen konnte ich im Bankbereich zwischen 1983 und 2013 selbst miterleben. Wohl werden von den Unternehmen Richtlinien für Mittagspausen, Kaffeepausen und Arbeitszeiten vorgegeben, die Befolgung hinkt aber oft hinterher und die Realität ist oft eine andere, weil die Effizienz- und Gewinnsteigerung und der Wettbewerb im Vordergrund stehen. Dies wird immer ausgeprägter und fordert ihren Tribut.

Wenn ich heute die Pendlerströme studiere, fühle ich mich mehr als bestätigt. Ich sehe wenige fröhliche oder zufriedene Menschen, sondern gestresste und gehetzte Menschen, die eher mürrisch wirken.

Viele sind heute so unterwegs, haben Existenzängste, fühlen sich ausgenutzt und stehen unter enormem Druck. Das zeigt sich dann oft auch in einem ungehaltenen und eher rücksichtslosen Verhalten.

Der gegenseitige Respekt scheint oft abhandengekommen zu sein. Weil uns die heutige Art des Arbeitens und das daraus resultierende Leben im Grunde nicht gefällt und uns nicht befriedigt, sind wir unzufrieden und verhalten uns unbewusst oft ärgerlich oder gar wütend.

Diese hektische Art von Arbeit und Leben entspricht uns und vor allem unserer Seele nicht. Wir wissen intuitiv, dass dies nicht gut ist und uns zudem unzufrieden macht. Aber wir fühlen uns in diesem „Hamsterrad" gefangen und wir sehen keine Alternativen. Deshalb rebelliert die Seele. Der Seismograf schlägt aus und verlangt eine Korrektur.

Die Medizin kennt die Folgen von Stress auf den physischen Körper sehr genau und kann diese aufzeigen. Viele der neueren wissenschaftlichen Untersuchungen zeigen, dass der Stress für den ganzen Organismus verheerende Folgen hat.

Es passiert meist nicht plötzlich, sondern es ist ein schleichender und kaum erkennbarer Prozess, der die Organe schädigt. Dazu gibt es mannigfaltige Literatur und auch in der Tagespresse ist der Stress und seine Folgen immer wieder ein Thema.

Der Stress schädigt u. a. die Arterien und Venen, die Nieren und das Herz und führt zu Bluthochdruck. Herzinfarkt und Schlaganfälle sind weitere Folgen einer langen Stressphase. Solche Gesundheitsschäden können nicht allein dem Alter zugeschrieben werden, sie zeigen sich einfach oft erst dann, wenn wir Zeit und Muße haben. Nach der Pensionierung sprechen wir dann von Altersbeschwerden, die jeder angeblich haben muss. Das ist kein Wunder.

Natürlich reagiert nicht jeder Mensch in gleicher Weise auf diesen Druck. Ich stelle aber bei meiner heutigen Arbeit doch fest, dass sehr viele daran leiden und dass sich über die Zeit bei den meisten nicht nur psychische, sondern auch physische Beschwerden einstellen, die darauf zurückzuführen sind.

Stress ist einer der Hauptgründe für körperliche Beschwerden, negative Gefühle und Emotionen. Dies ist bei der Ursachenforschung immer zu berücksichtigen. Stress kann bekanntlich auch schnell zu einer Überforderung oder gar in einen Burn-out führen. Der betroffenen Person entgleitet die Kontrolle und das führt zu Ängsten, die sich wiederum in Ärger, Wut und Aggressionen ausdrücken. Die Straßenbahn oder das Wetter sind definitiv nicht die Ursachen. Wir können sie aber als Spiegel unseres inneren Zustandes nutzen.

Auch hier gilt, dass nur wir selbst die für uns entsprechenden Veränderungen vornehmen können, wenn es nötig wird. Die Liebe zu sich und der Respekt für sich und die eigene Gesundheit sollten auf jeden Fall im Vordergrund stehen. Wir sollten nicht warten, bis der Körper rebelliert oder gar ganz aussetzt. Das braucht viel Mut und erfordert vielleicht sogar einen beruflichen Wechsel.

Die Ferien illustrieren das Thema Stress ebenfalls gut und auch etwas plakativ. Wenn wir in den Ferien sind, sind wir in der Regel zufrieden, gut gelaunt und entspannt. Wir lassen die Sorgen, Ängste und Stress zu Hause. Wir finden in der Regel dann fast alles toll und eindrücklich. Das Essen ist gut, die Leute sind freundlich, die Landschaft ist schön und wir genießen es in vollen Zügen.

Die laute Straße, die Verspätung der Busse, die Hitze und die vielen anderen organisatorischen Mängel nehmen wir mit viel Toleranz hin. Die Leichtigkeit und Fröhlichkeit der Leute zieht uns in ihren Bann und wir lachen auch über das nicht bestellte Essen, das uns serviert wird oder die lange Wartezeit. Wir sind entspannt, zufrieden und glücklich.

Wenn wir ehrlich sind, wissen wir aber auch, dass wir einen solchen Service und viele andere Unzulänglichkeiten bei uns zu Hause niemals in dieser Form ertragen würden. Ganz im Gegenteil, wir wären schon nach fünf Minuten geladen und nur ein Funke würde zur Explosion führen. Sicher mag auch dies ein wenig überzeichnet sein, aber ist es nicht oft so?

Es gibt natürlich auch diejenigen, die nicht einmal in den Ferien einen Gang herunterschalten können. Das eben beschriebene Verhalten der Leichtigkeit und Unbeschwertheit finden diese Menschen nicht einmal in

den Ferien, weil der Stresspegel so hoch ist, dass der Ta-
petenwechsel auch nicht hilft oder gar zu einem Herzinfarkt führt, weil der Körper sich endlich erholen will.

Diese Gelassenheit und Toleranz, die viele in den Ferien
aufbringen, haben wir im Alltag oft nicht. Stress ist all-
gegenwärtig, Sorgen plagen uns, Geld haben wir auch
nie genug und die Familie, der Partner und die Ver-
wandten oder die Nachbarn geben auch öfter Anlass
zu Unzufriedenheit. Wen wundert es, dass wir in diesen
Situationen immer weniger Nerven haben, bzw. immer
mehr Nerven zeigen.

Damit fängt das Problem bzw. unsere Lernlektion an,
weil wir natürlich jeden Tag in unserer Umgebung Menschen treffen, die uns unsere Wut und unseren Ärger
spiegeln. Sie erfüllen unsere Erwartungen nicht oder wir
finden Situationen vor, die aus unserer Sicht Anlass dazu
sind.

Unsere Gefühle und Emotionen zeigen uns ganz gut, ob
wir ausgeglichen und zufrieden sind. Sie sind ein wunderbarer Indikator für unseren seelischen Zustand.

Wenn wir unzufrieden und unglücklich sind oder unsere
Gefühle in Wallung geraten, ist das immer ein Hinweis,
dass etwas in uns nicht stimmig ist. Das ist immer ein
Grund, nach den Ursachen zu suchen.

# KAPITEL V

## DER HILFREICHE SPIEGEL

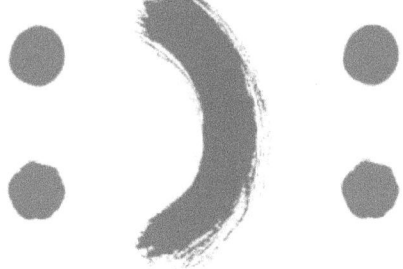

Eine weitere wichtige Kategorie sind die anderen Menschen, welche uns helfen, uns weiterzuentwickeln. Sie sind der Spiegel unseres Selbst.

Dieser Spiegel gibt uns ebenfalls Gelegenheit, unsere Wesenszüge und unser Inneres sowie unser Leben und unsere Lebenssituation kritisch anzuschauen und korrigierend einzuwirken. Dieser Spiegel zeigt uns, womit wir uns auch noch auseinandersetzen können. Sobald wir diesen Mechanismus im täglichen Umgang mit Menschen beachten, werden wir mit gewissen Problemen und unserem eigenen Charakter besser zurechtkommen und Wege finden, diese zu lösen bzw. uns zu ändern.

Auf einem Teebeutel von Yogi-Tee habe ich folgenden Spruch gelesen:

*„Sei dir bewusst, dass du der andere bist."*

Treffender kann man das gar nicht ausdrücken. Wie immer liegt die Schwierigkeit auch hier vor allem im Bewusstwerden und im Erkennen dieses Umstandes.

Deshalb komme ich noch einmal auf diesen Punkt zurück. Wir werden alle im Leben immer wieder mit Menschen und mit Umständen konfrontiert, die uns nicht gefallen, nicht behagen oder in uns verschiedenste Gefühle auslösen. Wie können wir nun darauf reagieren?

Die einfachste Methode habe ich schon erwähnt. Wenn wir schlicht alle negativen Erlebnisse und Situationen oder Konfrontationen mit anderen Menschen als Hinweis auf unsere Lebensaufgabe ansehen und sie mit diesem Wissen angehen. Dies gilt für die alltäglichen und auch für die größeren Schwierigkeiten, die sich uns mittels anderer Menschen in den Weg stellen.

Dazu braucht es viel Offenheit und einen Blick aus der Distanz auf sich selbst. Nur so sind wir in der Lage, das uns Gespiegelte zu erfassen.

Wenn wir also zu einer anderen Person ambivalente Gefühle haben oder uns gar ärgern, sollten wir uns fragen, welcher eigene Wesenszug dies auslöst bzw. uns gezeigt wird.

An unserer Familie illustriert sich das am besten. Unsere Eltern spiegeln uns natürlich sehr klar und deutlich. Wir haben je fünfzig Prozent ihrer Gene. Wir gleichen ihnen im Aussehen und wir sehen bei ihnen auch viele Charaktereigenschaften, die uns ebenfalls eigen sind.

Dies führt dazu, dass wir gerade bei den Charaktereigenschaften, einen äußerst präzisen Spiegel vorgesetzt bekommen. In dieser Schärfe ist es manchmal geradezu heftig, weil wir uns an Eigenschaften und Verhaltensmustern der Eltern, die uns selbst zu hundert Prozent eigen sind, stören oder sogar ärgern. Das gilt natürlich auch für unsere Geschwister. Die Familie ist also das erste große Übungsfeld, welchem wir begegnen und das uns das ganze Leben lang begleitet und aus dieser anderen Sicht bei unserer Entwicklung sehr hilfreich ist.

Leider werden wir im Kindesalter kaum darauf aufmerksam gemacht. Wir würden damit vermutlich auch nicht viel anfangen können. Als Jugendliche und später als Erwachsene wären wir aber durchaus in der Lage, diese Abläufe zu verstehen und uns im Spiegel zu erkennen. Da uns dieser Mechanismus selten bekannt ist, bleibt eine große Reibungsfläche mit den Eltern und den Geschwistern. Vor allem die Eltern tragen dann aus unserer Sicht die Schuld, dass es uns nicht gut oder nicht besser geht, und dass wir uns nicht entwickeln können.

Wenn wir die Schuldfrage auf die Seite legen und zu verstehen versuchen, was uns unsere Eltern und Geschwister mit ihren Charaktereigenschaften oder mit ihren Verhaltensweisen spiegeln, dann können wir viel lernen und uns weiterentwickeln.

Wir wissen, dass uns neben den Genen auch das Weltbild und das Selbstverständnis der Eltern sowie deren Erziehung wesentlich prägen. Es wäre deshalb gut, wenn wir diesen Mechanismus so früh als möglich erkennen würden. Das wäre bei Weitem der beste Start.

Nur welcher Jugendliche ist damit vertraut, sofern er nicht das Glück hat, Eltern mit diesem Wissen zu haben. Da uns die Eltern aber normalerweise einen großen Teil unseres Lebens begleiten, ist es nie zu spät. Zudem gibt es bestimmt viele Leser dieses Buches, die erst noch El-

tern werden und dieses Wissen ihren Kindern mitge-
ben können.

# KAPITEL VI

## MUSTER UND

## LEBENSUMSTÄNDE

## ERZIEHUNGS- UND GLAUBENSMUSTER

Die Erziehungs- und Glaubensmuster stellen ein weiteres äußerst hilfreiches Instrument dar. Diese Muster sind meist sehr tief in uns verankert, weil sie oft schon während der Kindheit entstehen und uns prägen. Es ist deshalb nicht immer einfach, diese zu erkennen.

Eines der wichtigsten Muster, das ich hier erwähnen möchte, nenne ich das Belohnungssystem. Es verfolgt uns unser ganzes Leben, weil dahinter unser Drang nach Liebe und Anerkennung steht.

Liebe, Wertschätzung und Akzeptanz sind das Elixier unserer Seele. Wir sind geradezu süchtig danach. Bereits als Kleinkinder suchen wir die Liebe und Anerkennung. Wir erhalten Liebe und Wertschätzung, wenn wir die Erwartungen unserer Eltern erfüllen.

Dieses Muster wiederholt sich dann in der Schule. Wenn wir die Erwartungen der Lehrer und unserer Eltern erfüllen, erhalten wir Lob und Anerkennung. Das Gleiche erfahren wir später als Erwachsene an der Arbeitsstelle und mit Freunden. Wann immer wir die Erwartungen anderer Menschen erfüllen, gibt es Anerkennung und Wertschätzung, mit anderen Worten Liebe.

Eine der wichtigsten Aufgaben in unserem Leben ist es, uns so anzunehmen und zu lieben, wie wir sind. Wir sind genau so, wie es für unsere Bewusstseinserweiterung am besten ist. Es muss uns auch bewusst werden, dass nur wir uns diese erfüllende Liebe geben können. Nur wir allein sind fähig, uns wirklich zu lieben und wertzuschätzen. Dies können wir niemandem delegieren. Es ist ein Trugschluss, wenn wir der Ansicht sind, wir würden die Liebe von anderen Menschen erhalten. Natürlich können wir uns glücklich schätzen, wenn uns unser Umfeld mag und liebt. Das tut uns gut und nährt unsere Seele. Diese Liebe kann aber die Liebe für uns selbst nie ersetzen. Erst wenn wir die Liebe für uns finden, werden wir auch in der Lage sein, uns voll und ganz zu respektieren.

Wir tun dann das, was uns wirklich guttut und was wir brauchen. Unsere tiefe und liebevolle Akzeptanz unseres Ichs kann dann bedeuten, dass wir gewisse Dinge nicht mehr tun müssen, nur um Liebe von anderen zu erhalten, weil wir den Trugschluss erkannt haben.

Das Belohnungssystem ist mit anderen Worten ein trügerisches Muster, das wir über die Liebe zu uns selbst auflösen können.


## LEBENSUMSTÄNDE UND UMFELD

Ein weiterer interessanter Bereich sind die Lebensumstände und unser Umfeld, in denen wir aufwachsen und leben. Sie haben zwei Funktionen. Sie dienen uns in optimaler Weise, unsere Bestimmung zu leben. Die Umstände und unser Umfeld unterstützen uns, die Schritte zu tun, die unserer Bewusstseinserweiterung am besten dienen. Gleichzeitig sind sie auch der Spiegel unserer Persönlichkeit. Das Außen entspricht unserem Innern. Was wir im Außen sehen und wahrnehmen, finden wir auch in uns. Diese andere Sicht auf das Außen hilft uns, uns selbst zu verstehen und zu verändern.

## ZUSAMMENGEFASST

Diese fünf besprochenen Kategorien und das Wissen über deren Funktion hilft uns, im Alltag Schwierigkeiten schneller zu erkennen und effektiver zu bearbeiten. Sobald wir auf etwas mit Gegenwehr reagieren, ist der Zeitpunkt gekommen, hinzuschauen und uns zu beobachten.

Warum geraten wir in Widerstand? Was können wir tun?

Bevor wir uns im nächsten Kapitel mit dem Vorgehen in solchen Situationen befassen, wollen wir uns Folgendes noch einmal in Erinnerung rufen: Wir haben gesehen, dass wir geistige Wesen sind. Wir sind Körper, Geist und Seele. Wir kommunizieren und handeln immer gleichzeitig auf zwei Ebenen. Auf der einen Seite mit unserem Verstand und auf der anderen Seite mit unserer Seele.

Bei der Bearbeitung unserer Schwierigkeiten sollten wir uns dieses Umstandes immer bewusst sein, weil beide Ebenen zum Einsatz kommen. Wie sieht das Vorgehen nun bei Schwierigkeiten konkret aus?

# KAPITEL VII
## PRAKTISCHE UMSETZUNG

# KAPITEL VII

Wir haben uns darauf eingelassen, dass das Leben der Bewusstseinserweiterung dient. Wir haben auch gesehen, dass dies am besten über die Konfrontation mit negativen Ereignissen und Lebensumständen geschieht. Wir haben auch verstanden, dass das Außen der Spiegel unseres Inneren ist und uns zum Handeln auffordert. Es ist somit die Suche bei uns selbst, immer! Diese andere Sicht schließt Schuldzuweisungen von vorneherein aus.

Das Phänomen der Schuld ist tief in uns verankert. Es hindert uns oft in unserer eigenen Entwicklung, weil wir die Umstände oder andere Menschen für unseren Zustand verantwortlich machen und über sie urteilen.

Wenn wir uns bewusst werden, dass wir unser Leben selbst aus uns heraus gestalten, so bedeutet das auch, dass nicht die Umstände und auch nicht andere Menschen für unsere Lebenssituation verantwortlich sind, sondern allein wir.

Das scheinbar Schicksalhafte haben wir selbst provoziert. Wir haben agiert oder reagiert und werden mit Reaktionen konfrontiert, die uns bei näherer Betrachtung wieder zu unseren Aktionen und Reaktionen führen.

Ein Sprichwort, das dies verdeutlicht, kennen wir alle: „Wie man in den Wald ruft, so schallt es heraus."

Wenn wir aber einen Schuldigen für unseren Zustand suchen, werden wir mit Sicherheit auch fündig. Wir können uns dann darin ergehen und anprangern. Das wäre natürlich ein Weg, der uns aber in die Sackgasse führen und nichts verändern würde.

Es ist immer möglich, angeblich Schuldige zu finden oder einfach mit den Schicksalsschlägen zu hadern. Wenn wir aber mit uns ehrlich sind, wird dies unseren Schmerz und unser Leid nicht verändern. Das Gegenteil wird der Fall sein.

Wir werden auf diesem Weg lediglich unseren Schmerz und unser Leid pflegen und dadurch unsere Energie und unser Denken darauf fokussieren. Wenn es nicht eine verstärkende Wirkung hat, so wird mindestens dieser negative Zustand aufrechterhalten.

Es wird sich nichts ändern, sowieso nicht bei Dingen, die passiert sind und nicht rückgängig gemacht werden können.

Das gilt natürlich auch bei zwischenmenschlichen Problemen. Die anderen Menschen sind für unser Glück, Unglück oder unsere Unzufriedenheit nicht verantwortlich oder gar schuld.

Sie spiegeln uns aber vieles und helfen uns bei unserer Entwicklung. Wir müssen nicht sie ändern, sondern uns selbst.

Dann werden wir sogar erfahren, dass sie sich ebenfalls wandeln, wenn wir bei uns die nötigen Änderungen vorgenommen haben.

Ich stelle die Schuldfrage heute nicht mehr. Ich habe begonnen, nur bei mir nach den Ursachen zu suchen und mein Verhalten, d. h. meine Aktionen und Reaktionen zu hinterfragen. Dies erleichtert die Suche nach den wahren Gründen und Ursachen.

Es führt auch zu einer anderen Einstellung zu unserem Leben und zu mehr Verständnis gegenüber anderen Menschen. Die Wechselwirkung zwischen uns Menschen wird deutlicher.

## DIE FÜNF SCHRITTE AUF DIESEM WEG

Gestützt auf dieses Verständnis werde ich nun zeigen, wie wir mit den folgenden fünf Schritten unsere Probleme und Schwierigkeiten auflösen können. Wir werden bei den Beispielen sehen, dass die einzelnen Schritte oft gleichzeitig angewendet werden.

Wir werden uns auch bewusst, wo wir den rationalen Verstand nutzen und bei welchen Schritten die seelische Ebene mehr Gewicht erhält. Es kommt ganz auf die zu bearbeitende Schwierigkeit an.

Die fünf Schritte sind die folgenden:

- ▸ Beobachten und Erkennen

- ▸ Annehmen und Akzeptieren

- ▸ Verzeihen

- ▸ Ändern und Loslassen

- ▸ Danken

Zuerst geht es darum, überhaupt zu *erkennen,* was in unserem Leben vorgeht oder schon passiert ist. Dabei unterstützt uns das Beobachten unseres eigenen Handelns. Erst dann können wir beginnen, dies *anzunehmen,* zu *akzeptieren* und zu *verzeihen.*

Die letzten Schritte sind mögliche notwendige *Änderungen,* das *Loslassen* und die *Dankbarkeit.*


## BEOBACHTEN UND ERKENNEN

Wann immer wir in Schwierigkeiten stecken oder in unerfreuliche Situationen geraten, geht es zuerst darum, zu erkennen, wo die Ursachen versteckt sind. Da diese Ursachen immer bei uns zu suchen sind, ist die kritische

Selbstbetrachtung das wichtigste Instrument. Wenn wir unser Verhalten nachträglich studieren oder uns gerade in einer aktuellen Situation beobachten, erhalten wir zusätzliche Hinweise, welche die Zusammenhänge zwischen den Problemen und deren Ursprung aufdecken helfen.

Ich betrachte mich dann jeweils selbst wie eine fremde Person. Dies erleichtert im Moment oder nachträglich die Analyse meiner Handlung oder meines Verhaltens. Diese Betrachtungsweise bringt auch in kritischen Situationen Distanz und Ruhe. Wenn wir uns und unser Verhalten regelmäßig in kritischen Momenten beobachten, wird das zu einem hilfreichen Instrument im Alltag. Es gelingt uns dann immer schneller zu erkennen und zu korrigieren.

Diese Vorgehensweise verlangt Offenheit. Die neutrale Selbstbetrachtung in kritischen und unangenehmen Situationen fördert nicht immer das Bild zutage, welches wir gerne von uns machen. Erschrecken sollte es uns aber nicht. Das gehört zur Bewusstseinserweiterung. Wir dürfen Fehler machen. Wir sind aber nach dem Erkennen der Zusammenhänge gehalten, sie zu korrigieren.

Sehr oft geht es auch darum, sein ganzes Leben anzuschauen, das Elternhaus, die Kindheit, die Jugend, die Partnerschaft, die berufliche Laufbahn und die damit verbundenen Gefühle und Einstellungen sowie die eigenen Verhaltensmuster.

Diese innere Schau braucht Geduld und Zeit, bringt aber meistens von allein die Ursachen zum Vorschein.

Meine eigene Erfahrung hat mir gezeigt, dass allein schon die innere Bereitschaft und Offenheit, die Ursachen zu suchen, das Erkennen fördert. Es werden ungeheure innere Kräfte frei. Darauf werde ich noch zurückkommen.

## ZUSAMMENGEFASST

Das Erkennen der Ursachen eines negativen Zustandes oder negativer Verhältnisse verlangt Selbstkritik, Offenheit und manchmal eine Gesamtanalyse unseres Lebens und unserer Person.

Das Erkennen wird leichter, wenn wir offen sind für die Hauptaufgabe in unserem Leben, unser bewusstes Sein zu pflegen und zu entwickeln!

Es bedeutet auch, sich einzugestehen, Fehler gemacht zu haben. Das neutrale Beobachten unseres Verhaltens unterstützt uns zusätzlich.

## ANNEHMEN UND AKZEPTIEREN

Wenn wir die Ursachen erkannt haben, die zum negativen Zustand führen oder geführt haben, so werden wir als Nächstes aufgefordert, diese Erkenntnisse anzunehmen und zu akzeptieren. Dabei geht es vor allem darum, uns und unser Verhalten anzunehmen. Das ist ein mehrschichtiger Vorgang.

Da wir als Person immer im Zentrum dieses Prozesses stehen, betrifft dieses Annehmen und Akzeptieren immer uns selbst, unser Umfeld und unser Verhalten. Was bedeutet das konkret?

Annehmen und Akzeptieren meint eigentlich das Vergangene und das Gegenwärtige so hinzunehmen, wie es war oder ist. Wir betrachten uns und was um uns herum geschieht ganz neutral und in Ruhe.

Wir bewerten es nicht und wir verurteilen es nicht. Wir nehmen es einfach an. Es ist für mich eine Form der Akzeptanz und der Liebe. Es beinhaltet Verständnis und Vertrauen, dass es so richtig ist, richtig für unsere persönliche Entwicklung. Wir nehmen uns und die Umstände so an, wie sie sind.

Dies gibt dann erst den Weg frei, auch entsprechende Änderungen in unserem Leben und in unserem Verhalten vorzunehmen und Schritte zu tun, die vielleicht schwerfallen, aber nötig sind.

Die Geschehnisse, Umstände und Situationen sind

oft nicht mehr rückgängig zu machen. Gerade bei Unfällen mit bleibenden Schäden werden wir gar gezwungen, mit diesen zu leben und wenn möglich, damit Frieden zu schließen.

Nur so können wir weitergehen und selbst bei schwerer körperlicher Schädigung trotzdem wieder glücklich werden, weil wir verstanden haben, weshalb es passiert ist.

Das gilt auch für Geschehnisse in unserer Kindheit, Jugend und im Erwachsenenleben. Das Geschehene können wir nicht mehr rückgängig machen. Wir können es aber annehmen und akzeptieren. Die damit verbundenen Gefühle, mögliche Traumata und das daraus resultierende Verhalten beginnen sich dann aufzulösen.

## ZUSAMMENGEFASST

Wenn wir uns unserer Lebensaufgabe bewusst sind und die Ursachen erkannt haben, fällt das Annehmen und Akzeptieren der jeweiligen Situation wesentlich leichter. Es ist das liebevolle Annehmen unserer Person und unserer Lebensaufgabe!

## VERZEIHEN

Wenn uns die Zusammenhänge und die Ursachen bewusst geworden sind und wir das Ganze annehmen konnten, geht es um den wichtigen Aspekt des Verzeihens. Beim Verzeihen gilt es unbedingt an die zwei Ebenen der Kommunikation zu denken.

Das Verzeihen unterteilt sich in die folgenden drei Schritte:

- Sich selbst verzeihen

- Involvierten Personen verzeihen

- Involvierte Personen um Verzeihung bitten

Für die erkannten Ursachen gibt es immer einen Verursacher. Das sind wir selbst. Da wir diese Erfahrungen in unserem Leben machen wollen und bekanntlich nicht perfekt sind, ist es wichtig, dass wir uns selbst aus dem Herzen verzeihen und mit uns und unserem Verhalten nachsichtig sind. Wir dürfen Fehler machen. Sie dienen unserer Entwicklung, wenn wir sie dann auch korrigieren.

Sofern weitere Personen involviert waren und beim ersten Hinsehen sogar dafür verantwortlich erscheinen, vergeben wir ihnen ihr Denken, Tun und Handeln.

Das tiefe und ehrliche Verzeihen ist in gewissen Situationen nicht immer ganz leicht, vor allem, wenn es zu tiefen Verletzungen kam.

Gerade in Familienangelegenheiten und in Beziehungen braucht dies unter Umständen große Überwindung. Wir müssen über unseren eigenen Schatten springen. Das Bewusstsein, dass das Gegenüber uns in unserer Entwicklung weitergebracht hat und dass Streit und Rache keine Wende bringen, können uns dabei helfen.

Wenn wir uns wieder an die zweistufige Kommunikation erinnern, wird schnell klar, dass in zwischenmenschlichen Konflikten alle involvierten Personen ihre Fehler machen. Selbst wenn wir uns in einem Konflikt als Opfer wahrnehmen, so werden wir in den meisten Fällen wohl auch mindestens schlecht über die Person gedacht, sie gegenüber anderen Personen schlecht gemacht oder sogar offen angegriffen haben. Deshalb ist es auch nötig, diese Person für unser Denken oder Verhalten um Verzeihung zu bitten. Schön ist es natürlich, wenn wir den Verursacher persönlich um Vergebung bitten.

Es gibt aber auch Umstände, wo wir der involvierten Person nicht oder nicht mehr persönlich verzeihen und sie um Verzeihung bitten können. Dazu gehören Personen, die wir nie persönlich getroffen haben oder Personen, zu welchen wir keinen Kontakt mehr haben. Zu diesem Kreis zählen auch die Verstorbenen. Die zweistufige Kommunikation lässt dies aber trotzdem zu. Wir können solchen Personen in Gedanken verzeihen und sie um Verzeihung bitten und die gleiche Wirkung erzielen. Auf der Seelenebene kommt die Botschaft an.

## ZUSAMMENGEFASST

Das Verzeihen ist ein zentraler Aspekt, weil nur das Vergeben zu innerem und äußerem Frieden führt. Es bedeutet tiefes Verständnis für unsere Aufgabe und unsere Entwicklung. Es ist ein Akt der Liebe.

### ÄNDERN UND LOSLASSEN

Wenn wir die beschriebenen Schritte gemacht haben, geht es darum, unser Verhalten und unsere innere Sicht zu ändern oder etwas loszulassen.

Beim Loslassen stelle ich mir immer einen Rucksack vor, den ich durchs Leben trage. Er beginnt sich oft schon in unserer Kindheit mit Ursachen zu füllen und kann mit den Jahren einen erheblichen Umfang annehmen und immer schwerer auf den Schultern lasten.

Das Loslassen bedeutet, dass wir Ursache um Ursache aus diesem Rucksack nehmen und uns von der Last immer mehr befreien. Vielleicht ist es auch ein großer Stein, der unseren Rucksack so schwer macht.

Je mehr wir aus dem Rucksack herausnehmen und entsorgen können, je leichter und befreiter können wir unseren Weg gehen.

## DANKEN

Wenn wir alle Schritte getan und unseren Rucksack wieder etwas erleichtert haben, fühlt sich das herrlich an. Wir erkennen in diesem Moment, dass uns die bearbeitete Schwierigkeit in unserer Entwicklung weitergebracht hat.

Das großartige Gefühl können wir dann noch einmal steigern, indem wir zum Schluss unsere Dankbarkeit ausdrücken.

Wir danken für die Gelegenheit, dass wir eine weitere Lebensaufgabe bewältigen konnten und dass wir daraus gelernt haben.

Wir danken den involvierten Personen für ihre Hilfe.

# KAPITEL VIII

## FÄLLE AUS MEINER PRAXIS

KAPITEL VIII

FÄLLE AUS MEINER PRAXIS

Nun möchte ich an verschiedenen Beispielen zeigen, wie wir diese andere Sicht und die fünf Schritte konkret anwenden können. Die Beispiele aus meiner Praxis sollen vor allem veranschaulichen, welche Überlegungen ich mit meinen Klienten im Gespräch angestellt habe und wie der Weg der Bearbeitung aussieht. Im folgenden Kapitel IX illustriere ich dann an persönlichen Erlebnissen, wie ich eigene Schwierigkeiten erkannt und konkret mit den fünf Schritten bearbeitet habe.

## ALIMENTE

Ein Klient besuchte mich in meiner Praxis und beklagte sich über Nacken- und Rückenschmerzen. Auch sein Bewegungsapparat machte ihm zu schaffen, insbesondere sein linkes Knie. Er war in ärztlicher Behandlung und dachte über eine Knieoperation nach.

Es wurde mir im Gespräch bald klar, dass Nacken und Rücken die Ursachen seiner Knieschmerzen waren. Wenn der Nacken und Rücken zu viel zu tragen haben, belastet dies den Bewegungsapparat. In unserem Energiefeld lagern sich im Bereich des Nackens unsere Sorgen und Ängste ab. Wenn sich dort über die Zeit zu viel ansammelt, beginnen sich diese psychischen Lasten im wahrsten Sinne des Wortes zu manifestieren und sie werden in unserem physischen Körper spürbar. Das ist ein klares Zeichen unseres Seismografen. Die Seele will, dass wir hinschauen!

Das tat ich mit meinem Klienten. Er erzählte mir, dass er geschieden sei. Von seiner langjährigen Ehefrau habe er sich vor vielen Jahren scheiden lassen, weil sie ihn betrogen habe. Es seien weitere Dinge vorgefallen, die nach seiner Überzeugung keine Alimente rechtfertigen würden. Er müsse aber gemäß Gerichtsentscheid bis ans Lebensende zahlen.

Während er erzählte, wurde er immer wütender. Er vermutete, dass seine ehemalige Ehefrau Einkommen erwirtschafte oder Geld erhalte und das verheimliche. Vor allem war er aber auf die Justiz wütend, weil diese die Alimente bis zum Tod festgesetzt hatte.

Kontakt mit der geschiedenen Ehefrau und mit seinem Kind existiert seit Jahren nicht mehr.

In einem solchen Fall ist es für den Betroffenen schwierig, die fünf Schritte zu gehen. Er ist absolut überzeugt, dass die Schuld bei seiner geschiedenen Ehefrau und dem Gericht liegt. Er ist tief verletzt und voller Zorn.

An dieser Stelle ist es ganz wichtig, zu realisieren, dass auch hier die Frage der Schuld gar keine Rolle spielt. Die Situation ist schlussendlich so, wie sie ist. Es ist geschehen und nicht rückgängig zu machen.

Nur wir selbst können uns aus einer solchen Situation befreien und lösen. Das Gericht wird das Urteil aufgrund der Einkommensverhältnisse nicht abändern und die Alimente sind weiterhin zu leisten. Als Außenstehender wird man schnell einsichtig, dass die Situation nicht geändert werden kann.

Der Betroffene findet aber immer wieder tausend Argumente, weshalb er ungerecht behandelt wurde und weshalb man die Gerichte, die aus seiner Sicht ebenfalls dafür verantwortlich sind, abschaffen sollte. Nicht selten richten sich die dadurch entstehenden Aggressionen gegen alle möglichen und unmöglichen Dinge. Vom schlechten Wetter, über den Verkehr zur Überfremdung. Er ist unglücklich und unzufrieden!

Es bleibt also auch hier einzig, den bekannten Weg einzuschlagen. Der Betroffene weiß wohl, dass er die Situation nicht mehr ändern kann, muss aber auch akzeptieren, dass er nach altem Recht bis ans Lebensende Alimente bezahlen muss. Nach dem neuen Recht hätte er das Kapital seiner Pensionskasse mit der Partnerin teilen müssen. Dazu wäre er natürlich auch nicht bereit gewesen.

Der Betroffene muss sich bewusst werden, dass seine geschiedene Partnerin nicht allein für die Situation verantwortlich ist. Er sollte sich eingestehen, dass er wohl auch Fehler gemacht hat, da es immer zwei braucht. Es ist Zeit, die Ehe und die Scheidung noch einmal ohne Emotionen anzuschauen und zu versuchen, daraus zu lernen.

Immerhin konnten wir darauf verzichten, nach den Ursachen seiner Beschwerden zu suchen, weil diese offensichtlich sind. Wenn der Klient erkennt, dass dieses Beharren und die Weigerung, mit seinem Kind und seiner geschiedenen Ehefrau zu sprechen, die Ursachen für die gesundheitlichen Probleme sind, ist ein erster wichtiger Schritt getan.

Der Betroffene sollte erkennen, dass er seine Gesundheit nur dann wiedererlangt, wenn er das Geschehene und die heutige Situation so annimmt und akzeptiert, wie sie sich präsentieren.

Das ist aber in diesem Fall der eigentliche Knackpunkt. Es ist sehr schwierig, wenn ein Mensch über Jahre Wut und Unverständnis aufgestaut hat und sich nun plötzlich bewusst werden soll, dass nur er die Situation ändern kann. Der Betroffene ist emotional so stark involviert und hat sich ein Feindbild aufgebaut, dass die nötige Offenheit und das Bewusstwerden ein sehr schwieriger Akt wird.

Es ist auch ein Eingeständnis, dass er bisher den falschen Weg gegangen ist. Diese Selbsterkenntnis ist nicht so leicht zu verdauen.

Zumindest verstand der Klient den Zusammenhang zwischen seinen körperlichen Beschwerden und seiner

Situation. Richtig annehmen konnte er es aber noch nicht, da er seine geschiedene Ehefrau nach wie vor verantwortlich macht.

Hier stehen große seelische Verletzungen im Raum. Sich bewusst werden und erkennen, dass das Geschehene eine Lebenslektion ist, wird zu einer echten Herausforderung. Der fehlende Kontakt zu seinem Kind kommt noch hinzu und lastet nicht nur auf ihm, sondern selbstverständlich auch auf dem Kind. Natürlich sollte auch das Kind diesen Prozess durchlaufen und dem Vater bei einer Kontaktaufnahme die Hand reichen. Es wird viel Zeit und viel persönliches Engagement brauchen. In Anbetracht der körperlichen und seelischen Leiden lohnt sich dieser Schritt aber unbedingt. Diesen Schritt können und müssen wir alle schlussendlich aber immer allein tun.

Der Klient gab mir mindestens die Gelegenheit, ihm die weiteren Schritte aufzuzeigen. Er hat einen Anfang gemacht und ich hoffe, dass er eines Tages diesen Prozess abschließen kann.

## DER JUNGE SPORTLER

Damit wir Erfahrungen sammeln und uns als Mensch weiterentwickeln, stoßen wir immer wieder an Grenzen oder finden uns in Situationen wieder, die sehr viel von uns fordern.

Ich habe einen einundzwanzigjährigen Jungen kennengelernt, der fünf Jahre zuvor beim Trampolinspringen so unglücklich fiel, dass die Rückenmarksnerven zwar nicht durchtrennt, aber doch stark geschädigt wurden. Nach diversen Operationen und Rehabilitationsmaßnahmen sitzt er heute im Rollstuhl.

Er kann wohl die Arme bewegen, die Finger und die Hände aber nicht, sie sind praktisch ohne Gefühl und er ist komplett auf fremde Hilfe angewiesen. Ein unglaublicher Schicksalsschlag, mit dem dieser junge Mensch umgehen muss.

Er war ein exzellenter Skifahrer im Extrembereich und auch sonst ließ er kaum sportliche Gelegenheiten aus, die immer wieder mit vielen Gefahren verbunden waren. Verunglückt ist er aber an einem Fest auf einem Trampolin für Kinder bis sechzehn Jahre. Dieser Umstand wird uns noch beschäftigen.

Warum kam es zu dieser Zäsur? Ich nenne den Jungen Paul. Wie sich aus den Gesprächen ergeben hat, war Paul, als der Unfall passierte, in einem Sportgymnasium und Sport war das Einzige, was ihn wirklich interessierte. Wie bereits erwähnt, suchte er den Kick. Das Schulische war für ihn eher Nebensache.

Die Ehe seiner Eltern war nie wirklich harmonisch und glücklich gewesen und vor dem Unfall wurde er Zeuge eines Gesprächs seiner Eltern. Er hörte seinen Vater sagen, dass er die Familie verlassen würde. Weiter führte sein Vater aus, er habe seine Ehefrau ohnehin nur wegen des Geldes geheiratet.

So etwas anhören zu müssen, verletzt und schmerzt einen jungen Menschen. Kurze Zeit darauf kam es zum beschriebenen Unfall.

Heute lebt er bei seiner Mutter. Es stehen ihm alle möglichen Hilfsmittel zur Verfügung. Geld spielt zum Glück keine Rolle.

Als ich Paul das erste Mal in seinem Zimmer traf, saß mir ein trauriger und zorniger junger Mann gegenüber. Er konnte nicht zur Schule, weil er vom vielen Liegen Schorf am Rücken hatte. Seine Mutter war auch anwesend und man konnte sofort das angespannte Verhältnis zwischen den beiden spüren.

Ich machte mir sehr lange Gedanken, wie ich ihm helfen konnte. So besuchte ich ihn ein paar Monate später wieder und führte mit ihm ein langes Gespräch. Dabei ging es vor allem darum, ihm neue Einsichten über den Sinn des Lebens und unsere Bewusstseinserweiterung zu vermitteln. Ich erzählte ihm vom Erkennen der Ursachen, von der Annahme der Konsequenzen, vom Vergeben, von der neuen Ausrichtung oder Änderung des bisherigen Lebens und vom Loslassen.

Meine Gedanken fanden einen fruchtbaren Boden. Paul war zwar frustriert und voller Aggressionen. Das Leben schien aus seiner Sicht zerstört und zwecklos. Apathie und Depressionen folgen in einem solchen Fall häufig. Paul hatte aber ein paar Monate vor unserem Treffen eine querschnittgelähmte junge Frau kennengelernt, der es gesundheitlich ebenfalls nicht gut ging. Doch ihre Lebensphilosophie und ihre positive Grundhaltung gaben ihm ein wenig Hoffnung und bauten seinen Lebenswillen wieder auf. Von mir hörte er ähnliche Gedanken zum Sinn unseres Lebens.

Paul braucht natürlich mehr als nur Theorie. Er muss mehr tun, wenn er wieder die Chance haben will, ganz gesund zu werden. Das ist auch in seinem Fall nicht ausgeschlossen, bedarf aber einer ungeheuren Anstrengung.

Er muss den Unfall und seine heutige Situation ebenfalls zuerst begreifen und versuchen zu verstehen, warum das passiert ist. Erst wenn er sich dessen bewusst wird und seine Situation akzeptiert hat, kann er einen nächsten Schritt tun.

Im Fall von Paul wage ich zu behaupten, dass er das Schicksal mit den extremen sportlichen Aktivitäten ziemlich herausgefordert hat. Es spricht vieles dafür, dass er unbewusst einen solchen Unfall oder sogar den Tod gesucht hat, weil er im Grunde sehr unglücklich war und die Liebe seiner Eltern vermisst hatte. Es ist wohl Ironie des Schicksals, dass der Unfall ausgerechnet beim Trampolinspringen geschah. Schlussendlich ist es aber auch in seinem Fall unerheblich.

Wir finden auch bei Paul die gleiche Problematik wie beim geschiedenen Ehemann. Paul kann das Rad auch nicht zurückdrehen. Der Unfall und sein gesundheitlicher Zustand sind Tatsache.

Es ist aber auch für Paul entscheidend, wie er damit umgeht. Hadert er mit dem Schicksal oder nimmt er es an und akzeptiert es? Seine Freundin und auch seine Freunde haben ihn nie vergessen und ihm mit ihrer Freundschaft Halt gegeben. Obwohl er nachvollziehbare Stimmungsschwankungen hat, bleibt sein Wille stark und er ist zuversichtlich. In der Zwischenzeit konnte er das Gymnasium erfolgreich abschließen. Das gibt ihm Mut und Zuversicht. Er hat aber immer noch viel zu tun.

Damit er das Geschehene akzeptieren und in allen Punkten annehmen kann, muss er sich auch mit der Frage auseinandersetzen, warum das überhaupt passiert ist.

- ▸ Warum wurde sein jugendlicher Leichtsinn so abrupt gestoppt?

- ▸ Warum war er so leichtsinnig und warum hat er das Leben herausgefordert?

- ▸ Warum ist der Unfall nicht beim Skifahren passiert, sondern auf einem Trampolin?

- ▸ Was soll er aus dieser Lektion lernen?

- ▸ Wie soll es weitergehen?

- ▸ Kann er die erhobenen Vorwürfe gegen die Eltern und gegen sich selbst irgendwann einmal beiseitelegen?

- ▸ Kann er sich und den Eltern vergeben?

In der Zwischenzeit hat er viel getan und seine Situation akzeptieren können. Warum der Unfall geschah, ist in seinem Fall nicht einmal so zentral bzw. kann vielleicht auch nie abschließend geklärt werden. Es ist aber trotzdem möglich, ohne eine Antwort auf das Warum, den Weg zu gehen.

Paul gibt niemandem die Schuld. Er hat realisiert, dass jeder Mensch selbst für sein Tun verantwortlich ist.

Er weiß auch, dass es nur dem finanziellen Aspekt nützt, den Schausteller zu belangen, nicht aber seiner Seele. Lieber konzentriert er sich heute auf seine Ausbildung und das notwendige Körpertraining.

Eine Genesung ist nicht ausgeschlossen, zumal die Nerven nicht durchtrennt wurden. Paul ist sich aber auch bewusst, dass sein Zustand möglicherweise nicht mehr besser wird, d. h., er hofft, dass er zumindest seine Finger irgendwann wieder bewegen kann. Das würde ihn bei seiner weiteren Ausbildung wesentlich unterstützen. Es ist ein wirklicher Schicksalsschlag und ein gewaltiger, schwieriger Weg für den jungen Mann.

Paul hat aber schon große Schritte auf seinem Weg gemacht und er weiß, dass er die Möglichkeit hat, anderen Menschen in ähnlicher Situation Hoffnung zu geben und ihnen bei der Bewältigung des Geschehenen zu helfen. Vielleicht wird er sogar wieder einmal laufen können oder vielleicht wird seine Aufgabe darin bestehen, in Zukunft anderen Menschen in der gleichen Situation beizustehen. Ich wünsche ihm von ganzem Herzen, dass er den Frieden und die Lebensfreude wieder vollständig findet.

## DIE NEUEN ELTERN

Ein weiteres Beispiel verdeutlicht die Notwendigkeit dieses Prozesses ebenfalls eindrücklich. Eine beruflich erfolgreiche Frau zwischen vierzig und fünfzig besuchte mich und erzählte mir ihre Geschichte. Ich nenne sie Sabine.

Sie habe schon als Zwanzigjährige von ihrer Mutter erfahren, dass sie adoptiert worden sei. Diese Neuigkeit nahm Sabine einfach zur Kenntnis und lebte wohl oder übel damit. Eine Aufarbeitung oder Auseinandersetzung mit dieser Erklärung erfolgte nicht, weil sie diese Tatsache verdrängte.

Als sie um die vierzig war, lag ihre Adoptivmutter im Sterben und übergab ihr die Papiere der Adoption. Darin erfuhr sie ihren richtigen Namen und den Namen der leiblichen Mutter. Wie sich herausstellte, wurde Sabine unmittelbar nach der Geburt den Adoptiveltern anvertraut. Sie erhielt einen neuen Vornamen und natürlich den Nachnamen der Adoptiveltern. Soweit ist dies ein Umstand, den doch viele Menschen mit Sabine teilen.

Nachdem Sabine das alles erfahren hatte, machte sie sich auf die Suche nach ihren leiblichen Eltern. Zuerst lernte sie ihre Mutter kennen. Später erfuhr sie mehr durch Zufall, dass ihr Vater der Bruder ihrer Mutter war. Die Eltern waren also Geschwister und Sabine mit anderen Worten ein Inzest-Kind, vermutlich sogar das Resultat einer Vergewaltigung.

Die Konfrontation mit solchen Tatsachen wäre wohl für jeden ein großer Schock. Für Sabine brach eine Welt zusammen. Es war für Sabine eine Katastrophe.

Sabine stürzte sich im wahrsten Sinne des Wortes in die Arbeit. Sie war dann auch längere Zeit im Ausland und erklomm stetig die Karriereleiter. So versuchte sie, das Ganze zu vergessen oder treffender gesagt, davonzurennen.

Das funktioniert natürlich nicht. So ein Wissen um seine Herkunft kann niemand verdrängen und vergessen. Wie soll ein Mensch mit einer solchen Geschichte umgehen?

Das Selbstverständnis wird arg strapaziert. In dieser schwierigen Zeit ging zudem ihre langjährige Beziehung zu Ende und die Beziehung zu ihren Geschwistern aus der Ehe der Adoptiveltern wurde immer frostiger. Die Familie ihrer leiblichen Mutter akzeptierte Sabine und ihre Mutter nie. Das Verhältnis zu ihrer leiblichen Mutter ist ebenfalls schwierig. Beide tragen viele Verletzungen mit sich.

Wie kann sich Sabine von dieser schweren Last befreien? Es gibt eigentlich nur einen Weg, um Ruhe und Frieden zu finden. Es ist immer der gleiche Prozess, den wir durchlaufen sollten.

Sabine kann das Geschehene nicht mehr ändern oder gar rückgängig machen. Eine Schuldzuweisung wird sie ebenfalls nicht weiterbringen. Es wäre nur der Weg in die Stagnation.

Sie muss die vorne beschriebenen fünf Schritte auf ihrem Weg machen, da nur sie allein diese Situation bewältigen kann. Wir sind schlussendlich für unser Schicksal und für unser Wohlergehen immer selbst verantwortlich. Nur wir allein können uns aus solch misslichen Lagen befreien. Dazu dürfen wir natürlich Hilfe von Dritten annehmen. Den Weg müssen wir aber allein gehen.

Das Warum muss auch Sabine nicht ergründen. Das Warum wird sie vermutlich auch kaum je beantworten können. Dazu können wir höchstens viele Vermutungen anstellen, die uns im konkreten Fall aber nur bedingt weiterhelfen. Sabine muss ihren Weg finden, um ihre Geschichte bewusst aufzuarbeiten und anzunehmen.

Abgesehen von einer belasteten Lunge und Darmproblemen blieb Sabine glücklicherweise auch nach der Hiobsbotschaft mit rund vierzig Jahren von schwereren Krankheiten verschont. Sie hat aber zugenommen und ist sehr hart mit sich selbst und arbeitete über die Jahre viel zu viel. Dieses wohl eher unbewusste „mit sich hart sein" und „sich bestrafen", wurde aber immer zu einer größeren Belastung. Allein der Stress bei der Arbeit führt zu einer schleichenden Schwächung ihrer Kräfte.

Die Müdigkeit wurde immer größer, und eine Depression ist in greifbare Nähe gerückt. Es ist für Sabine also höchste Zeit, etwas zu ändern.

Der Umstand, dass Sabine vermutlich das Resultat einer inzestuösen Vergewaltigung ist, lastet wie ein großer Stein auf ihrer Psyche. Sie hat es erst nach langer Zeit des Schweigens und des Hineinfressens einer engen Freundin erzählt, die mich ihr für die Aufarbeitung empfahl.

Das Gefühl, Resultat einer Vergewaltigung und ein nicht gewollter Mensch zu sein, ist präsent. Liebe und Anerkennung für sich selbst konnte Sabine bisher nur bedingt empfinden. Sie fühlte sich eher leer und unrein. Mit ihrem übertriebenen Arbeitseinsatz versuchte sie, das alles zu verdrängen und zu vergessen — sie will nicht darüber nachdenken. Sie demonstriert eine nach Außen fröhliche und einsatzfreudige Karrierefrau, die jede Herausforderung annimmt und auch schafft. Das ist alles aber nur eine Fassade, hinter der sich Sabine versteckt. Hinter dieser Maskerade steckt ein gefühlvoller, sensibler und trauriger Mensch, der Hilfe braucht.

Sabine hat aber erkannt, dass das Davonrennen auf Dauer keine Lösung sein kann. Sie suchte sich Hilfe und ist heute auf dem Weg, das Ganze zu verarbeiten. Es reicht natürlich bei der Geschichte von Sabine nicht, dies intellektuell zu akzeptieren und anzunehmen. Es braucht viel mehr, weil Sabine in ihrem Selbstverständnis erschüttert ist. Die Herkunft ist in ihrem Fall zentral. Wie kann sie sich und ihre Herkunft bewusst akzeptieren und annehmen?

Dies kann Sabine nur dann, wenn sie sich zuerst grundsätzliche Gedanken über unser Dasein und den Sinn des Lebens macht.

Wir sind ein unbeschreibliches Geheimnis, bestehend aus Körper, Geist und Seele. Warum wir hier sind, habe ich einleitend mindestens in dem Sinne beantwortet, als wir durch Negatives unser Bewusstsein erweitern.

Dabei ist das Pflegen der bekannten Grundwerte sehr wichtig. Wir kennen alle diese Werte, die uns von den verschiedenen Religionen und Denkrichtungen ans Herz gelegt werden. Die Liebe zu uns, zu den anderen Menschen, zu den Tieren und zur Natur sind dabei die wichtigsten Punkte. Der respektvolle Umgang mit unseren Mitmenschen und mit uns selbst, mit der Natur und allen Lebewesen gehört ebenfalls dazu. Hier sollte auch Sabine anknüpfen, bei der Liebe und beim Respekt zu sich selbst.

Sabine ist nicht außergewöhnlich, aber einzigartig wie jeder andere Mensch auch. Sie selbst beurteilt das natürlich ganz anders und das würden wir vermutlich auch tun, wenn wir in der Situation von Sabine wären. Warum ist das so?

Nun, ich glaube, dass dies viel mit unseren gesellschaftlichen Normen und Werten zu tun hat. Eine Vergewaltigung wird strafrechtlich verfolgt und der Täter wird bestraft. Das Opfer des Übergriffs bleibt trotzdem traumatisiert und im Innersten verletzt. Neben der psychischen Verletzung wird das Opfer auch oft gesellschaftlich geächtet. Der Vergewaltigung haftet etwas Unreines an. Das geborene Kind trägt zur Hälfte das Blut und die Gene des Vergewaltigers. Es ist eine schwierige Situation für die Mutter und erst recht für das Kind, wenn es später davon Kenntnis erhält.

Wenn wir von der Vergewaltigung aber keine Kenntnis haben und auch das Kind davon nichts weiß, werden die Vergewaltigung und die damit verbundenen gesellschaftlichen Folgen völlig bedeutungslos bzw. keine Auswirkungen beim Kind zeigen! Das gilt natürlich nicht für das Opfer der Vergewaltigung.

Damit soll selbstverständlich eine solche Tat auch in keiner Weise gutgeheißen oder akzeptiert werden. Eine Vergewaltigung ist eine massive Verletzung der Persönlichkeit des Opfers. Es zeigt aber deutlich, wie das Wissen über eine solche Tat eine komplett andere Ausgangslage schafft und wir uns anders verhalten. Es gibt ja das Sprichwort: „Was ich nicht weiß, macht mich nicht heiß."

Ich will damit nicht behaupten, dass es besser wäre, Dinge zu verheimlichen. Für Sabine wäre es aber wohl ein einfacheres Leben geworden. Das ist jedoch nicht die Idee unseres Lebens. Wir sind hier, um unser Bewusstsein zu erweitern, und um uns in unserer Persönlichkeit zu entwickeln. Wie wir bereits wissen, tun wir dies meistens nur dann, wenn es uns nicht so gut geht oder wenn wir negative Erfahrungen machen.

Wie kann nun Sabine weiterkommen? Nachdem sie diese Zusammenhänge erkennen konnte, wird das bewusste Annehmen und Akzeptieren wohl der schwierigste Schritt werden. Wie kann sie das machen?

Es genügt eigentlich, wenn sie sich ihrer Einzigartigkeit bewusst wird. Wir sind erstaunliche Wesen und können unser Sein nicht abschließend erklären. Die Religionen und die Philosophie bieten uns wohl Hilfen an, aber auch sie können nicht alle unsere Fragen beantworten.

Die Welt und wir selbst sind ein fantastisches Geheimnis. Immerhin können wir feststellen, dass wir einen Körper und einen Verstand haben. Wir haben auch Gefühle und Emotionen. Das macht uns einzigartig. Kein Mensch ist gleich und keiner hat dieselben Gefühle und Gedanken. Jeder nimmt Geschehnisse, Landschaften und Gegenstände anders wahr und beschreibt diese auch individuell.

Wir sind einzigartig und auch Sabine ist ein wunderbarer und wertvoller Mensch. Die Umstände, wie sie auf die Welt kam, sind aus dieser Sicht eigentlich völlig bedeutungslos. Wichtig ist einzig, dass sie Geist und Seele ist.

Das ist der Schlüssel für Sabine. Wenn sie die Umstände annehmen und ihnen die nötige Bedeutung geben, d. h. die Umstände relativieren kann, wird sie eine große Last los. Wenn sie tief in sich erkennt und sich bewusst wird, dass es keinen Unterschied zwischen ihr und anderen Menschen gibt, dann hat sie einen wichtigen Schritt des Prozesses gemacht. Sie wird nämlich erkennen, dass ihre Herkunft für sie als Mensch und gegenüber anderen Menschen eigentlich völlig unerheblich ist. Sie wird sich aber auch bewusst, dass sie eine große und schwere Lebensaufgabe gewählt hat. So wird es ihr auch gelingen, sich selbst zu akzeptieren und zu lieben.

Das ist leichter gesagt als getan. Es ist ein schwieriger Schritt. Der innere Kampf, der Albtraum und der Stress bei der Arbeit lasten inzwischen so stark auf ihr, dass ihre Gesundheit immer mehr leidet. In der Zwischenzeit hat sie auch einen Reizdarm, die Lunge macht ab und zu Schwierigkeiten und sie legt immer mehr Gewicht zu, da sie im übertragenen Sinn einen Schutzmantel umlegt. Sie hat gar keine Zeit, sich vertieft damit zu befassen.

Diese mangelnde Zeit ist nicht nur für Sabine ein Problem. Wir sind heute beruflich oft so stark eingespannt, dass wir gar keine Zeit finden, über uns oder unsere Probleme nachzudenken. Das ist sehr gefährlich. Auch Sabines Seele will Veränderungen. Das zeigt sich in ihrem Gesundheitszustand. Der Seismograf schlägt aus und wenn sie Unfälle oder gar einen Burn-out verhindern will, muss sie intensiv an sich arbeiten, damit sie sich nicht mehr verurteilt, sondern sich immer mehr lieben kann.

Dann wird es ihr auch gelingen, ihren leiblichen Eltern, insbesondere dem Vater, zu verzeihen. Sie ist auch aufgefordert, ihre Eltern um Verzeihung zu bitten, für ihre schlechten Gedanken und ihr zwar nachvollziehbares aber teilweise liebloses Verhalten gegenüber den Eltern. Schließlich ist es für Sabine ganz wichtig, sich selbst zu vergeben. Diese Umstände führen für jeden einleuchtend zu schlechten Gedanken, zu Verzweiflung und Hass. Tut sie das von Herzen und mit innerer Überzeugung, fällt das von ihr ab und ihr Rucksack wird sich um einiges leichter anfühlen. Sie hat dann das alles losgelassen und kann dankbar sein, dass sie diese Lebensaufgabe hat lösen können. In diesem Moment wird sie sich wertschätzen und lieben können. Geist und Seele werden sich freuen und der Körper wird sich schnell erholen.

Es wird Leichtigkeit und Frieden in ihr Leben einkehren. Sie schließt damit eine große Wunde und befreit sich von Schuld, Schuldzuweisung und Vorwürfen, die sie ohnehin nicht weiterbringen würden. Warum Sabine dieses Schicksal überhaupt widerfahren ist, bleibt ein Geheimnis. Es kann bzw. es muss offengelassen werden. Sie hat aber einen enormen Schritt gemacht und ihr Bewusstsein erweitert, weil sie heute schon dankbar ist, dass sie geboren wurde und da ist, trotz all dieser negativen Umstände.


## DER FREUNDLICHE ARBEITSKOLLEGE

Ein Arbeitskollege in der gleichen Abteilung grüßt jeden Morgen so freundlich und so überschwänglich, dass man sich unangenehm berührt fühlt. Man zweifelt seine Fröhlichkeit an und unterstellt ihm sogar eine Fassade und Unehrlichkeit oder Unterwürfigkeit. Das ist natürlich nicht die Lösung, sondern es stellt sich vielmehr die Frage, warum wir auf einen Kollegen auf diese Art reagieren. Offenbar löst er mit seinem Verhalten in uns etwas aus. Er spiegelt uns etwas.

Was ist das oder was könnte es sein? In einem solchen Fall stelle ich mir folgende Fragen: Geht mir das Verhalten meines Kollegen auf die Nerven, weil ich ihm eine aufgesetzte Maske unterstelle oder weil ich diese Fröhlichkeit und Unbefangenheit bei mir selbst vermisse?

Schlussendlich ist es unerheblich, ob der Arbeitskollege eine Maske aufsetzt oder ob er wirklich fröhlich ist. In einer solchen Situation wollen wir ihn wohl kaum danach fragen. Interessanter sind viel mehr unsere Gedanken und unsere Reaktion darauf. Jedenfalls fällen wir ein Urteil über diese Person, ohne die Fakten zu kennen.

Ich glaube, dass wir das sehr oft tun. Wir schätzen andere Menschen aus unserer Optik ein, ohne sie oder ihr Problem wirklich zu kennen. Beim Kollegen tun wir es, weil wir vielleicht Angst vor ihm haben. Möglicherweise haben wir das Gefühl, dass er uns die Position streitig machen will oder dass er bei den Kollegen oder Kolleginnen besser ankommt, weil er so „fröhlich tut". Wir sind vielleicht eifersüchtig.

Wenn wir jemandem Unehrlichkeit unterstellen, stellt sich auch die Frage, ob wir denn selbst immer ehrlich und aufrichtig sind. Spiegelt er uns unsere eigene Schwäche, lieber einmal den Netten zu mimen, als uns einer Konfrontation auszusetzen?

Wenn wir aber davon ausgehen, dass der Arbeitskollege wirklich so fröhlich ist, sind vielleicht folgende Überlegungen anzustellen:

> Sind wir so unglücklich, dass wir gar nicht mehr glauben können, dass ein anderer Mensch wirklich so fröhlich und glücklich sein kann?

- ➤ Sind wir uns und anderen Menschen gegenüber misstrauisch, weil wir das Vertrauen in uns verloren haben?

- ➤ Stehen wir unter enormem Druck und
  haben nichts übrig für Fröhlichkeit?

- ➤ Ist der Druck eventuell so stark, dass uns
  der Arbeitskollege richtiggehend aggressiv macht?

- ➤ Trauern wir möglicherweise um einen
  geliebten Menschen oder haben eine
  schlechte Nachricht erhalten?

Trifft nur eine der oben genannten Fragen zu, dann ist
es verständlich, dass uns die Freundlichkeit des Kollegen
auf dem falschen Fuß erwischt.

Der Arbeitskollege spiegelt unsere eigenen Wesenszüge, die wir an uns nicht mögen oder er weist uns indirekt auf andere Dinge hin, die wir noch nicht bearbeitet
haben. Wir sollten deshalb lernen, bei solchen Gelegenheiten zuerst bei uns zu suchen. Über unseren Arbeitskollegen werden wir auf etwas aufmerksam gemacht, das
wir ändern sollten.

Wenn wir diesen Ablauf erkennen und akzeptieren,
ist er eine fantastische Hilfe für unsere eigene Entwick-

lung. Wenn wir die fünf Schritte getan haben, werden wir den Arbeitskollegen mit anderen Augen ansehen und erleben, weil wir uns geändert haben. Wir müssen nicht unseren Arbeitskollegen ändern, sondern uns.

## DIE ASSISTENTIN UND DIE VORGESETZTE

Das Phänomen der Spiegelung der eigenen Wesenszüge verdeutlicht sich auch im Fall einer mir nahe stehenden Person. Sie arbeitete viele Jahre als Assistentin. Sie wechselte die Arbeitgeber einige Male und stieß dabei immer wieder auf Vorgesetzte, die sie aus ihrer Sicht ausnutzten und schlecht über sie sprachen. In einem Gespräch mit ihr wurde mir bewusst, dass bei jedem neuen Arbeitgeber das gleiche Problem auftauchte.

Ich stellte mir die Frage, ob es denn wirklich möglich war, dass die Person so viel Pech hatte oder ob es eher ihr eigenes persönliches Problem darstellte. Ich teilte ihr meine Überlegungen mit und machte sie darauf aufmerksam, dass es eventuell das mangelnde Selbstbewusstsein oder die von ihr geglaubte finanzielle Abhängigkeit von dieser Arbeit die Gründe dafür sein könnten.

Obwohl sie meine Überlegungen zu Beginn verwarf und über die genannten potenziellen Gründe nicht begeistert war, machte sie sich ihre Gedanken dazu. Sie nahm diese – nicht immer und in jeder Situation angenehme — selbstkritische Haltung ein und erkannte dabei plötzlich doch ihr mangelndes Selbstbewusstsein. Es wurde ihr bewusst, dass es nie ausgeprägt war. Die strenge und traditionelle Erziehung ihrer Mutter ließ wenig Raum für Freude und Selbstentfaltung. Sie begann an sich zu arbeiten.

Der Erfolg ließ nicht lange auf sich warten. Allein schon durch das Bewusstwerden und Verstehen der Zusammenhänge konnte sie sich besser abgrenzen, fühlte sich wertiger und wurde nicht mehr ausgenutzt. Die veränderte Einstellung ließ auch die Gespräche über sie verstummen und führte sogar zu einer Freundschaft mit ihrer Vorgesetzten.

## NEID ZWISCHEN GESCHWISTERN

Immer wieder begegne ich in Gesprächen dem Phänomen Neid. Oft ist es gar nicht das Geld oder die Karriere eines Nachbarn oder Bekannten. Nein, es spielt sich zwischen Geschwistern ab.

Manchmal lösen sich die Missverständnisse später auf und sie amüsieren dann die Beteiligten. Beispielsweise dann, wenn zwei Geschwister nach vielen Jahren im Gespräch realisieren, dass die teuren Lippenstifte der Schwester gar nicht von den Eltern bezahlt wurden, sondern ein Geschenk eines Kollegen waren.

Es gibt aber auch kompliziertere Geschichten, die sich erst nach Jahren auflösen. So habe ich zwei Schwestern kennengelernt, die über Jahre aufeinander eifersüchtig waren.

▸ Die Geschäftstüchtige war eifersüchtig, weil die Schwester geheiratet und Kinder hatte.

▸ Die Verheiratete sehnte sich nach dem Single-Leben und den vielen Reisen ihrer Schwester.

Dieser Neid nahm eine Eigendynamik an, sodass die beiden Schwestern gar nicht mehr miteinander sprachen und während vieler Jahre getrennte Wege gingen. Jahre später wurde die verheiratete Schwester von ihrem Ehemann verlassen und erkrankte an Brustkrebs.

Die andere Schwester erlebte schwere berufliche Rückschläge und wurde nach jahrelanger Depression ebenfalls schwer krank.

Erst in dieser Zeit der Krankheit fanden sie wieder zusammen und realisierten die Missverständnisse, die zu Neid und Missgunst geführt hatten.

Heute können sie darüber sprechen und die schwere langjährige Last auf die Seite legen.

Anstatt ihre Energien im Neid zu verbrauchen, wäre es natürlich viel sinnvoller gewesen, wenn sie sich damals gefragt hätten, warum sie denn neidisch sind?

> ▸ Was spiegelt die Schwester?

> ▸ Was hat die Schwester, was ich nicht habe?

Solche Fragen hätten beide Schwestern schon früher weitergebracht, weil sie sich über solche Fragen mit sich selbst und ihren Bedürfnissen und Wünschen auseinandergesetzt hätten. Vielleicht hätten sie nur einige Dinge ändern müssen, um auch Mutter bzw. reisende Geschäftsfrau zu werden. Vielleicht hätten sie bei dieser Analyse aber auch erkannt, dass dieses andere Leben schlussendlich gar nicht ihr wirklicher Wunsch gewesen wäre.

Möglicherweise wäre ihnen auch bewusst geworden, dass sie andere Entscheidungen getroffen haben und dass man manchmal eben nicht alles haben kann. Der unreflektierte Neid hat sie jedenfalls beide nicht weitergebracht.

Auch dieses Beispiel zeigt, dass wir viel besser durchs Leben gehen, wenn wir uns in solchen Situationen erst einmal unserer negativen Haltung bewusst werden und erkennen, dass die Lösung allein bei uns liegt.

Wir können dann vielleicht auch ohne Groll akzeptieren, dass gewisse Wünsche in unserem Leben einfach nicht erfüllt werden.

## MIT DEN ELTERN IM GLEICHEN HAUS

Eine andere Herausforderung ist das Zusammenleben der Eltern oder eines Elternteils mit einem erwachsenen Kind.

Sehr spannend wird es dann, wenn der Elternteil vorher ebenfalls in diesem Haus mit seinen Eltern, also den Großeltern des Kindes, zusammenlebte und die Erfahrungen des Zusammenlebens zweier Generationen schon selbst gemacht hat.

Als Außenstehender, der beide Situationen kennt, ist es gut möglich, bei beiden Konstellationen ähnliche Verhaltensweisen und Muster zu erkennen. Für die direkt Betroffenen ist das ohne Kenntnis des Spiegelphänomens eher schwierig.

Der Elternteil, der vorher selbst in dieser Situation war und die Spiegel nicht erkennen und sich nicht weiterentwickeln konnte, wird auch nicht in der Lage sein, kritische Situationen zwischen ihm und seinem Kind zu erkennen und zu verhindern.

Vielleicht sagt er sich sogar, ich habe meine Eltern auch ertragen müssen, also warum sollte dies mein Kind nicht auch tun können. In einem solchen Fall haben sowohl der Elternteil als auch das Kind ähnliche Aufgaben für ihr Leben, nämlich ein friedliches und respektvolles Zusammenleben zweier Generationen in einem Haus zu lernen.

Es stellt sich nun die Frage, was der Elternteil und das erwachsene Kind tun und lernen können. Wenn der Elternteil zum Beispiel ständig wartet, bis das Kind nach Hause kommt oder in den Garten geht, wenn das Kind im Garten ist, spiegelt der Elternteil möglicherweise die Unfähigkeit des Kindes, sich abzugrenzen. Das Kind ist noch so geprägt von der Erziehung — es hat ja die Situation zwischen den Großeltern und Eltern miterlebt — und getraut sich nicht, die notwendigen Grenzen zu setzen, die vermutlich der Elternteil damals auch nicht zu setzen in der Lage war.

Wenn sich dazu noch herausstellt, dass das Kind sich auch nicht getraut, beim Nachbarn Grenzen zu setzen, wenn dieser ihm nach Feierabend die Zeit mit Klatsch über die Nachbarschaft stiehlt, dann wird noch deutlicher, dass es lernen muss, sich abzugrenzen, damit es seinen eigenen Raum einnehmen kann.

Die Thematik Abgrenzung kristallisiert sich eindeutig heraus und muss mehr gelebt werden. Hinter der Thematik Abgrenzung steht die Frage der eigenen Wertschätzung und Liebe zu sich selbst. Wie wir beim Muster Belohnungssystem gesehen haben, ist es nicht die Idee des Lebens, sich anderen unterzuordnen und zu tun, was diese erwarten. Es ist eine Frage der Liebe und des Respekts zu sich selbst, das zu tun, was uns guttut und Freude macht. Dabei können wir trotzdem auch für andere Menschen da sein und ihnen helfen. Dies jedoch nur solange wir es gerne tun, nicht aber aus einem Pflichtgefühl.

Der Elternteil ist gefordert, das Kind und dessen eigenes Leben zu respektieren. Das gelingt ihm, wenn er die alten Muster erkennt und beginnt, sich selbst zu respektieren und zu lieben.

## DER LEBENSPARTNER UND ICH

Der Lebenspartner ist natürlich ebenfalls ein wandelnder Spiegel. Hierzu verweise ich gerne auf das Buch von Rüdiger Schache „Das Geheimnis meines Spiegelpartners".

Es stellt die Problematik sehr detailliert dar und kann bei partnerschaftlichen Problemen ein hilfreicher Begleiter sein.

# KAPITEL IX

## PERSÖNLICHE ERLEBNISSE

## DAS AUTOFAHREN

Das Autofahren ist ebenfalls ein Fundus für gespiegelte Charaktereigenschaften und vieles mehr. Wer kennt das Phänomen nicht?

Vor uns steht ein Wagen an der Ampel, die unserer Meinung nach ohnehin zu lange auf Rot steht. Gleichzeitig zwängt sich ein Radfahrer an uns vorbei und erdreistet sich, trotz Rotlicht einfach über die Kreuzung zu fahren. Dann wird es endlich Grün und es dauert eine gefühlte Ewigkeit, bis der vordere Wagen losfährt. Es ist schon fast wieder Gelb. Der Fahrer beschleunigt gemächlich und fährt nicht mehr als 35 km/h. Das nächste Rotlicht ist schon in Sicht und wir hätten es doch sicher noch passieren können, wäre nicht dieser langsame Autofahrer vor uns. Die Ampel wechselt denn auch schon auf Rot. Es ist gut möglich, dass unser Nervenkostüm in dieser Situation arg strapaziert ist.

Natürlich finden wir in diesem Beispiel sofort den in unseren Augen „Schuldigen". Es ist der andere Autofahrer. Ich habe diese Situation selbst erlebt.

Klar verletzte der Radfahrer die Verkehrsregeln. Der gemächliche Autofahrer hatte sich aber nichts zu Schulden kommen lassen. Ich ärgerte mich aber über den Autofahrer. Warum ärgerte ich mich? Was spiegelte er mir?

Ich war auf dem Weg zu einem Klienten. Ich war unter Zeitdruck, weil ich zu spät abgefahren war. Das war wohl der Auslöser, nicht aber die Ursache, die ich suchen musste.

Schnell erkannte ich an mir einen gewissen Hang zur Ungeduld. Diese Ungeduld konnte ich nicht allein mit dem Zeitdruck erklären. Ich wurde mir auch meiner kontrollierenden und rechthaberischen Seite bewusst. Wenn 50 km/h gefahren werden dürfen, so sollte man sich daran halten. Am Rotlicht ist Aufmerksamkeit gefordert, damit man bei Grün auch sofort losfährt. Ich wusste auch, dass mich meine Selbstständigkeit und das zu Beginn ausbleibende Einkommen belasteten. Ich hatte zu dieser Zeit Existenzängste. Ich musste mir auch eine gewisse Respektlosigkeit eingestehen. Ich wusste ja nicht, wer am Steuer saß. Vielleicht war es eine ältere Person oder eine Person, die gerade schlechte Nachrichten erhalten hatte. Möglicherweise war die Person in großer Sorge oder in Trauer.

Ich war trotz dieser verschiedenen Möglichkeiten verärgert und ungehalten. Natürlich wurde mir auch bewusst, dass ich mich ändern musste. Damit begann ich sofort.

Ich hatte erkannt, dass ich ungeduldig, kontrollierend, rechthaberisch und gestresst war. Ich schämte

mich ein wenig. Ich war nun Berater mit hohen Ansprü-
chen an mich selbst. Ich musste aber feststellen, dass
ich diese Charakterzüge mit dem Verlassen der Bank
noch nicht abgelegt hatte. Es blieb mir nichts anderes
übrig, als dies zu akzeptieren und als Herausforderung
für meine eigene Bewusstseinserweiterung anzuschauen.

Ich setzte mich in einer ruhigen Minute hin und bat
den mir unbekannten Fahrer in Gedanken um Verzeihung für meinen Ärger gegenüber seiner Person. Ich
vergab ihm sein langsames Fahren im Bewusstsein, dass
ich seine Beweggründe gar nicht kannte. Ich vergab auch
mir selbst liebevoll und mit Verständnis, dass noch kein
Meister vom Himmel gefallen ist.

Ich begann mich zu ändern, indem ich mich vor dem
Wegfahren auf die kommende Fahrt geistig vorbereitete.

Ich sagte mir jeweils selbst: „Ich werde mich von
nichts und niemandem provozieren lassen und ich bin
geduldig und nachsichtig." Ich realisierte, dass ich oft
während der ganzen Fahrt weder vor noch hinter mir
Autos hatte, die mir zu nahe gekommen wären oder
mich in irgendeiner Form behindert hätten. Es ist faszinierend und es wundert mich auch heute immer wieder.
Es funktioniert immer!

# LANGJÄHRIGER ZIELKONFLIKT

Wie immer bei einem Stellenwechsel war ich auch bei meinem letzten Arbeitgeber bestrebt, in Frieden abzuschließen. Es gab eine Person auf der Vertriebsseite, mit der ich über die Jahre immer wieder in Konflikt geriet. Ich nenne sie Norbert.

Er konnte sehr beleidigend sein und die von mir vertretenen Anliegen öffentlich ins Lächerliche ziehen. Ich hätte ihn in solchen Situationen jeweils gerne mindestens auf den Mond gewünscht.

Mit meinem neuen Wissen war mir klar geworden, dass ich etwas lernen musste. Es wurde mir etwas gespiegelt. So begann ich unsere Beziehung, mich und mein Verhalten zu analysieren. Sein flegelhaftes Benehmen musste ich natürlich nicht mir zuschreiben.

Ich erkannte aber bald, dass ich oft keine Geduld hatte und die Angriffe zu persönlich nahm. Ich erwartete, dass er die rechtlichen Vorgaben ohne Diskussion akzeptieren würde. Das tat Norbert aber nie oder erst in einem zweiten Schritt. Zuerst wurde provoziert und verworfen. Ich erkannte, dass ich rechthaberisch war. Natürlich gab es eine gesetzliche Grundlage. Vielleicht hätte ich es besser erklären sollen. Norbert war ja kein Jurist und er sah darin nur Schikanen der Aufsichtsbehörde, die wieder Mehrkosten und zusätzliche Arbeit verursachen würden. Ich hatte ihn auch nicht bei seinem Verständnis und seiner Abwehrhaltung abgeholt. Ich hatte nie ein persönliches Gespräch mit Norbert geführt, weil ich ihn unmöglich fand. Seine Vorurteile schürten bei mir nur Unverständnis, Ärger und Zorn. Ich hatte zwar nie verbale Ausrutscher, brauchte aber auch keine Analyse meiner Gedanken gegenüber ihm. Sie waren oft nicht gerade liebevoll, um nicht zu sagen ärgerlich und schlecht.

Neben dem rechthaberischen Aspekt musste ich mir auch eingestehen, dass ich in meiner Position sehr viel Verantwortung trug und sehr viel zu tun hatte. Ich war mit anderen Worten oft gestresst und hatte gar keine Nerven für solche Konflikte. Soweit einmal die ehrliche und ungeschminkte Analyse. Das ist ganz wichtig, ansonsten wir nicht zum Ziel kommen.

Ich begann mir einzugestehen, dass ich rechthaberisch und ungeduldig sein kann und dass mich ein solches wenig konstruktives Verhalten zornig machte. Ich musste erkennen und annehmen, dass dieser Ärger und Zorn oft in mir Gedanken entstehen ließ, die ganz und gar nicht liebe- und respektvoll gegenüber Norbert waren. Ich akzeptierte mein Verhalten, über ihn auch schlecht und abschätzig geredet zu haben. Ich nahm dies alles an und wurde mir meiner Fehler bewusst.

Wie wir bereits gesehen haben, findet die Kommunikation auf zwei Ebenen statt. Das gilt natürlich auch bei einem solchen Konflikt. Es ist auf der für uns sichtbaren Seite die Verstandesebene und auf der anderen Seite ist es die seelische Ebene. Meine schlechten Gedanken haben Norbert genau so getroffen, wie wenn ich sie in Worte gefasst hätte. Auf der seelischen Ebene sind sie angekommen und haben Wirkung gezeigt. Norbert hat sie natürlich nicht bewusst wahrgenommen, seine Seele aber schon. Im Nachhinein kann ich mindestens sagen, dass ich zuweilen schon das ungute Gefühl hatte, dass Norbert meine Gedanken las und erst recht provozierte. Daran sollten wir uns immer wieder erinnern.

Ich hatte keine Gelegenheit und auch nicht den Wunsch, Norbert zu sehen und ihn für meine Gedanken um Verzeihung zu bitten und ihm für sein Tun zu verzeihen. Letzteres wäre wohl eher als überheblich angekommen. So machte ich das einfach in Gedanken. Ich bat ihn um Verzeihung für meine Rechthaberei, meine Ungeduld und vor allem für meine schlechten Gedanken und meine abschätzigen Bemerkungen gegenüber Dritten. Ich vergab ihm seine Attacken und sein Verhalten und dankte ihm. Er hat mir mit seinem Verhalten aufgezeigt, wo ich mich noch verbessern und ändern konnte. Schließlich vergab ich mir selbst. Ich war mir bewusst, dass ich mich besser hätte verhalten können und dass ich mindestens in Gedanken Norbert verletzt hatte.

Ein solches Verhalten wollte ich in der Zukunft vermeiden. Damit wollte ich dieses Kapitel aber auch abschließen.

In der Zwischenzeit hatte ich die Bank verlassen und traf ab und zu alte Arbeitskollegen. Immer, wenn Norbert und seine Abteilung Thema eines Gespräches wurde, hielt ich mich wie vorgenommen zurück. Ich spürte aber, dass ich auf ihn immer noch mit Emotionen reagierte. Es waren keine großen Emotionen. Sie waren aber immer noch da. Es wurde mir bewusst, dass ich noch an mir arbeiten musste. So dachte ich wieder über die Geschichte nach und vollzog in Gedanken die fünf Schritte. Das musste ich noch ein paarmal machen, bis wirklich keine Emotionen mehr aufkamen. Ab diesem Moment löste Norbert bei mir keine Widerstände mehr aus. Ich hatte mich komplett versöhnt und losgelassen. Es ist also durchaus üblich und normal, dass wir diese fünf Schritte mehrmals machen müssen. Es hängt oft auch mit dem Grad der Verletzungen zusammen.

Etwa drei Jahre später begegnete ich Norbert zufällig auf der Straße. Ich hatte mit ihm in der Zwischenzeit wirklich aus dem Herzen Frieden geschlossen und grüßte ihn freundlich. Er grüßte zurück, war aber über meine freundliche Art sichtlich irritiert. Das hatte er wohl nicht erwartet. Er blieb stehen und gab mir die Hand und fragte mich, wie es mir gehe und erklärte, dass er von meinem beruflichen Wechsel gehört habe.

Ich fragte ihn nach seinem Wohlbefinden und er sagte mir, dass er bald in den Ruhestand gehen werde. Daraufhin bot er mir das Du an, was ich gerne annahm.

In diesem Moment geschah etwas Faszinierendes. Ich bekam eine Gänsehaut und ein unbeschreiblich gutes Gefühl. Das bekomme ich nur bei wirklich berührenden Erlebnissen. Wir wünschten uns alles Gute und verabschiedeten uns. Das war für mich der Beweis, dass wir und unsere Seelen in diesem Moment Frieden geschlossen hatten. Allein meine Gedanken und meine innere Arbeit führten zu diesem wunderschönen Erlebnis!

Wie wir auch gleich im nächsten Beispiel sehen werden, sind unsere Gedanken viel kraftvoller, als wir denken! Wir verändern mit unseren Gedanken nicht nur uns, sondern wie wir eben gesehen haben, auch unser Umfeld und unsere Wahrnehmung. Es ist so einfach und doch genial!


DIE FAHRGÄSTE UND ICH

Meine Eltern lehrten mich, mit allen Dingen achtsam umzugehen. Natürlich nicht nur mit meinen Sachen, sondern auch mit Gegenständen anderer Menschen oder solchen der Öffentlichkeit. So käme es mir beispielsweise nie in den Sinn, meine Füße bzw. die Schuhe in der Straßenbahn auf einen Sitz zu legen. Aufgrund meiner Erziehung erwartete ich das entsprechend auch von anderen Fahrgästen.

Wie jeder weiß, ist das aber nicht immer der Fall. Ich habe mich darüber immer aufgeregt und manchmal auch einen bösen Blick auf die Person geworfen. Es hat natürlich kaum je etwas genützt und der Ärger blieb an mir hängen.

Mein ärgerliches Verhalten in der Straßenbahn wurde mir während meiner Ausbildung bewusst und ich fragte meine Kollegin, was ich tun könne. Sie sagte mir, dass ich das gelassener nehmen solle. Es seien nicht alle Menschen gleich erzogen und nicht auf dem gleichen Bewusstseinsstand.

Es sei ja auch nicht meine Aufgabe, andere Leute zu erziehen. Ich sei in erster Linie für mich selbst verantwortlich und könne höchstens ein gutes Beispiel abgeben.

Das nahm ich mir zu Herzen und ich versuchte, meinen Kontroll- und Erziehungstrieb zu zügeln. Durch die gedankliche Auseinandersetzung mit dem Thema wurde mir bewusst, dass wir nicht alle gleich denken und mit der Erziehung verschiedene Wertvorstellungen erhalten.

Es wurde mir auch bewusst, dass ich nicht für das allgemeine Verhalten in der Straßenbahn verantwortlich bin bzw. dass ich nur für mich verantwortlich sein kann.

Ich erkannte auch, dass ich mit meinem Ärger nur mir selbst schadete. Ich nahm die unterschiedlichen Wertvorstellungen zur Kenntnis und nahm mir vor, diese Fahrgäste nicht zu verurteilen, sondern ihr Verhalten gelassener hinzunehmen und gar nicht mehr zu beachten.

Zusätzlich fragte ich mich selbst, warum ich denn nicht gelassener sein konnte. Ich kam zum Schluss, dass meine Erziehung und die berufliche Belastung eine Rolle spielten.

Obwohl ich mich eigentlich zufrieden wähnte, wurde mir bewusst, dass es doch einige Dinge in meinem Leben gab, die mir nicht immer gefielen und mich oft ärgerten. Ich war mit anderen Worten nicht immer ausgeglichen. So wurde mir auch klar, dass meine Unausgeglichenheit ebenfalls ein Grund war, mich über solche Fahrgäste zu ärgern.

Ich dachte auch an das Belohnungssystem. Dieses Muster bleibt in der Regel so stark verankert, dass wir auch im Erwachsenenalter so funktionieren und anderen Menschen, deren Erwartungen erfüllen.

Damit schleicht sich dann auch leicht die Erwartung ein, dass die anderen Menschen dieses ständige Erfüllen der Erwartungen anderer ebenfalls einhalten sollten. Tun sie es nicht, ärgern wir uns, weil wir selbst nicht aus diesem Rad der Erwartungen ausbrechen können oder es nicht wagen.

Es gibt eine Studie, die festgestellt hat, dass Menschen mit diesem Verhaltensmuster an der Kasse oder am Schalter immer die langsamste Schlange erwischen. So können sie unbewusst ihrem Ärger frönen und sich vor allem über die Drängelnden ärgern. Diese Erkenntnis und die Tatsache, dass ich mich neu zu orientieren begann, halfen mir mit der Zeit, damit immer besser umzugehen, und schließlich vergaß ich es sogar.

Gut ein Jahr später diskutierte ich mit einer Klientin ihre angespannte Situation in der Nachbarschaft. Sie suchte nach der Arbeit die Ruhe, wurde jedoch auf dem Heimweg von den Nachbarn immer wieder in Klatschgespräche involviert. Ich versuchte, meiner Klientin mit meiner Erfahrung in der Straßenbahn aufzuzeigen, dass wir immer wieder in Muster verfallen, die wir uns angeeignet haben oder die uns eingetrichtert wurden und so unser Verhalten prägen. Schon in Jugendzeiten, wenn sie die Ruhe suchte und sich zurückzog, wurde ihr gesagt, dass sie doch nicht so eigenbrötlerisch sein solle. Das sei unhöflich. Deshalb ist es ihr auch heute kaum möglich, einfach nach Hause zu gehen und das zu tun, was sie am liebsten tut. Man kann ja nicht so unhöflich sein! Deshalb blieb sie stehen und unterhielt sich – wenn auch widerwillig – mit den Nachbarn.

Während ich beispielhaft von meiner Erfahrung in der Straßenbahn berichtete, musste ich mir plötzlich an den Kopf greifen. Es wurde mir in diesem Moment bewusst, dass ich seit mindestens einem Jahr nie mehr Füße auf den Sitzen gesehen hatte. Ich realisierte, dass ich mich wirklich geändert und losgelassen hatte.

Das war für mich eine fantastische Erkenntnis. Sobald wir etwas, das uns stört oder ärgert, kritisch anschauen und unser eigenes Verhalten analysieren, werden Veränderungen möglich. Wir sind dann in der Lage, die Mechanismen und den Grund unserer Reaktionen zu erkennen. Wenn wir diese annehmen und auch das Verhalten der anderen akzeptieren, vergeben und uns selbst ändern, verschwindet es aus unserer Wahrnehmung, weil wir die Lektion gelernt haben.

# KAPITEL X
## VERÄNDERUNG DER
## EIGENEN REALITÄT

KAPITEL X

Meine Erfahrung in der Straßenbahn war für mich fantastisch und sie hat mich auch sehr nachdenklich gemacht. Kritische Gesprächspartner und Klienten hatten bei Diskussionen über mein Erlebnis viele Argumente, dieses zu relativieren. So meinten sie, es gäbe wohl auf meinem Arbeitsweg keine solchen Fahrgäste mehr. Ich würde wohl mehr lesen und mich nicht achten.

Es ist mir natürlich schon bewusst, dass es immer noch Fahrgäste gibt, die ihre Füße auf die Sitze legen. In diesem Punkt bin ich mit den kritischen Stimmen einig. Ich selbst habe aber während meiner Fahrten nie mehr einen solchen Fahrgast gesehen. Ich habe auch mein Verhalten in der Straßenbahn in dieser Zeit nicht wirklich geändert. Es ist sogar so, dass ich in der Regel weniger lese als früher und mich mehr mit Beobachten beschäftige. Also hätte ich durchaus die Gelegenheit, Füße auf den Sitzen zu sehen.

Ich war deshalb tief beeindruckt, als ich realisierte, dass ich nie mehr Füße auf den Sitzen gesehen habe. Ich habe offenbar mit der Sicht auf mich selbst und mit der Anwendung der fünf Schritte meine Realität verändert. Das zeigt, dass wir für uns selbst sehr viel verändern können. Das ist beeindruckend und fantastisch.

Meine oben beschriebenen persönlichen Erfahrungen waren die ersten dieser Art. In der Zwischenzeit hatte ich viele weitere positive Erlebnisse. Dieses unbeschreibliche Gefühl, das sich danach jeweils einstellt, motiviert mich in der Zwischenzeit so stark, dass ich heute jede zwischenmenschliche Schwierigkeit und jedes Problem, das ich aufgrund meines inneren Widerstandes erkenne, konsequent mit diesen fünf Schritten bearbeite. Das Resultat ist immer dasselbe. Mit meinem bewussten Arbeiten an mir selbst verändere ich mich und ich verändere meine wahrgenommene Realität. Das gilt ausnahmslos!

Sollte die Schwierigkeit nach der Bearbeitung trotzdem wieder auftauchen, ist das kein Zeichen des Misslingens. Es zeigt vielmehr, dass wir noch nicht jeden Aspekt des Problems erfasst haben oder dass wir auf der seelischen Ebene noch arbeiten müssen. Sobald wir aber von Herzen und aus tiefster Überzeugung alle Aspekte mit den fünf Schritten bearbeitet haben, wird sich das Problem ganz auflösen. Es wird schlicht nicht mehr existieren, weil wir unsere Lektion gelernt haben.

Um am Anfang auch positive Ergebnisse zu erzielen, rate ich mit kleineren Problemen zu beginnen. So erhalten wir mit jeder Erfahrung eine Bestätigung und gewinnen das nötige Vertrauen, an uns zu arbeiten. Mit diesem Vorgehen steigern wir unsere Sicherheit, um dann die größeren Probleme anzugehen.

# KAPITEL XI

## GESTALTUNGSKRAFT

KAPITEL XI

## EIGENE GESTALTUNG DES LEBENS

Wir werden zu Beginn unseres Lebens in ein Umfeld hineingeboren, das uns bestmöglich hilft, unser Sein zu begreifen und uns unseres Seins bewusst zu werden, damit wir in unserer Entwicklung weiterkommen. Wie wir gesehen haben, können wir unsere Schwierigkeiten und Probleme mit den fünf Schritten angehen. Wenn wir uns unserer Lebensaufgabe bewusst sind und die verschiedenen Lebensumstände und -phasen jeweils im Sinne unserer Entwicklung annehmen und die nötigen Änderungen bei uns vornehmen, dann verändert sich auch unser Umfeld. Das macht Platz für die weitere Entwicklung und wir werden an neue Aufgaben herangeführt.

Mit der Annahme dieser Aufgaben wird es uns auch immer leichter fallen, uns und unser Verhalten zu erkennen und die notwendigen Veränderungen bei uns vorzunehmen. Ich kann an dieser Stelle nur empfehlen, dies auszuprobieren. Der beste Lerneffekt ergibt sich in der Selbsterfahrung. Mir ging es selbst auch so.

Mit der Anwendung der fünf Schritte veränderte sich bei mir nicht nur meine Realität, sondern ich realisierte, dass ich auch immer freier geworden bin. Dieses Beobachten und Bearbeiten gibt mir immer mehr innere

Ruhe und Gelassenheit. Ich bin mir bewusst und weiß, dass alles meiner persönlichen Entwicklung dient und dass ich meine inneren Widerstände auflösen kann.

Im Moment dieser erfahrenen Gewissheit bleibt es nicht nur mehr bei der Veränderung unserer Realität, sondern wir beginnen immer mehr, aktiv unser Leben zu gestalten. Wir brechen aus dem Reagieren aus. Mit der gewonnenen Ruhe und Gelassenheit beginnen wir, zu gestalten.

Wir handeln dann nicht mehr aus Sorge und Angst, sondern wir gestalten unser Leben freudvoll und mit mehr Leichtigkeit. Wir werden erfahren, dass wir viel mehr bewegen können, als wir gemeinhin glauben. Wir bewegen und verändern uns und unser nächstes Umfeld. Ich wage zu behaupten, dass wir mit Veränderungen in unserem Verhalten und Denken die Welt verändern.

Dieses neue Verhalten und Denken wirkt so, wie wenn ich einen Stein ins Wasser werfe. Die dadurch entstehenden Wellen breiten sich unendlich aus. Diesen Effekt erfahren wir auch immer wieder im täglichen Leben, nur sind wir uns dessen nicht immer bewusst.

Wenn ich beispielsweise mein Kauf- oder Essverhalten verändere, verändere ich die ganze Produktionskette. Es braucht ein Produkt oder ein Nahrungsmittel weniger. Wenn sich weitere Menschen anschließen, werden die Produkte oder Nahrungsmittel im Regal bleiben und die Produzenten werden i. d. R. darauf schnell reagieren. Die Produktion wird reduziert und bei den Zulieferern der Produkte und Esswaren wird das Gleiche passieren, bis es die Letzten in der Produktionskette erreicht. In solchen Fällen ist es nicht nur unsere veränderte Wahrnehmung der Realität, sondern die Realität selbst, die sich verändert hat.

## DIE KRAFT DER GEDANKEN

Unsere geistige Haltung, unser Verhalten und die Wahrnehmung unseres Umfeldes verändern unsere Realität. Wir haben eine gewaltige Kraft in uns, um unser Leben zu verändern, sowohl positiv als auch negativ. Das beginnt mit jeder konkreten Handlung und mit jedem Gedanken, der in uns entsteht.

Diese gewaltige Kraft unserer Gedanken und Worte möchte ich an zwei bekannten Fällen verdeutlichen.

1. In der psychologischen Fachliteratur wird über einen kalifornischen Eisenbahnarbeiter geschrieben, der die Fracht in einem Kühlcontainer überprüfen musste. Aus unerfindlichen Gründen schloss sich die Tür. Beim Schichtwechsel fand man den Arbeiter tot im Container. Er hatte Folgendes an die Wand geschrieben: „Niemand hat meine Hilferufe gehört.

Meine Hände und Füße werden immer kälter. Ich weiß nicht, wie lange ich das noch aushalte."

Tatsächlich war das Kühlaggregat defekt. Das Wetter war freundlich und er hatte genügend Sauerstoff. Der Arbeiter hätte nicht sterben müssen. Er starb allein an der Vorstellung, verloren zu sein und erfrieren zu müssen.

2. Dr. Masaru Emoto ist bekannt für seine Wasserexperimente. In einem seiner Versuche füllte er drei Gläser je zu gleichen Teilen mit Reis und Wasser. Dem ersten Glas dankte er jeden morgen. Das zweite Glas beschimpfte er als einen Idioten und das dritte Glas ignorierte er komplett.

Nach einem Monat zeigte sich folgendes Resultat. Der Reis im ersten Glas begann zu fermentieren. Der Reis im zweiten Glas war schwarz und im dritten Glas war der Reis verfault.

Die Schlussfolgerung von Dr. Emoto zu diesem Experiment war die Folgende: Gerade die Reaktion des dritten Glases zeige deutlich, wie wichtig es sei, Kindern und natürlich auch anderen Menschen die nötige Beachtung und Aufmerksamkeit zu schenken.

Beide Beispiele zeigen eindrücklich, wie kraftvoll unsere Gedanken sind. Dabei spielt es keine Rolle, ob wir die Gedanken aussprechen oder nicht. Wie und was wir denken, hat ungeheuer viel Gewicht. Es manifestiert sich in unserer Realität!

## UNSERE VERANTWORTUNG

Wir haben uns, meiner Ansicht nach, teilweise stark von der Bedeutung und der inneren Schaffenskraft des einzelnen Menschen entfernt. Wir haben ein wenig verlernt, Dinge selbst und zur Zufriedenheit aller Beteiligten zu regeln oder anzupassen. Wir überlassen zu vieles Dritten, weil wir glauben, dass sie das aufgrund ihrer Fachkenntnisse besser erledigen können oder wir verschwenden gar keine Gedanken über unser Leben, weil vielleicht das Materielle oder andere Dinge so stark ins Zentrum gerückt sind. Wir lassen uns vom Materiellen beeinflussen und gewöhnen uns immer mehr an die omnipräsente Machbarkeit des Geldes, der Technik und der Medizin.

Wir geben damit die Verantwortung für uns und unser Leben zu schnell ab. Rolling Thunder, ein Schamane vom Stamm der Cherokee-Indianer, sagte einmal: „Unser Geld geben wir der Bank, unseren Körper dem Arzt, unsere Seele dem Prediger und die Kinder dem Schulsystem."

Wenn wir die Dinge wieder in die eigenen Hände nehmen, bedeutet dies natürlich auch, dass wir als Individuum auch gegenüber uns selbst und gegenüber anderen Menschen eine größere Verantwortung übernehmen. Wir können so viel mehr beeinflussen und gestalten als wir glauben. Wir sollten mit diesen inneren Kräften vorsichtig und respektvoll umgehen und sie unbedingt für unsere innere Weiterentwicklung und das Wohlsein unseres Umfeldes nutzen.

# KAPITEL XII

## DIE ANDERE SICHT

Wir tragen ein großes Potenzial in uns. Wir sind uns aber dessen einfach oft noch nicht wirklich bewusst. Ich selbst habe es jahrzehntelang nicht ausgeschöpft, weil mir unsere Gestaltungskraft schlicht nicht bewusst war. Während meiner Ausbildung und mit meinen eigenen Erfahrungen im täglichen Leben lernte ich das wahre Potenzial kennen. Es ist beeindruckend und es begeistert mich immer wieder. Ich kann diese andere Sicht wärmstens empfehlen!

Die andere Sicht ist die alleinige Betrachtung unserer Person, unserer Schwierigkeiten und unseres Lebens.

Dabei gilt es immer an die folgenden Aspekte zu denken:

## DER MENSCH ALS GEISTIGES WESEN

Als Erstes betrachten wir uns Menschen nicht mehr nur als biologisches Phänomen, das sich durch das Leben kämpft, sondern als geistige Wesen, die sich selbst kennenlernen und ihr Bewusstsein erweitern wollen. Zu diesem Zweck führen wir ein Leben, das uns optimal bei dieser Aufgabe hilft. Wir nutzen unseren Körper, um unseren Geist und unsere Seele hier auf der Erde zu manifestieren.

Mit der Geburt treten wir auf das „Spielfeld", wie ich unser Leben gerne nenne. Die Kulisse und die generellen Spielregeln sind für uns gesetzt. Sie sind auf uns ausgerichtet, damit wir optimal profitieren können. Die Hauptaufgaben sind so gestaltet, dass wir sie während unseres Lebens bewältigen können. Abhängig davon, wie wir die Aufgaben lösen, verändert sich unsere Kulisse und es kommen ähnliche oder neue Aufgaben auf uns zu. Diese Aufgaben haben immer das Ziel, unser Bewusstsein zu erweitern.

## WIR SELBST SIND GEGENSTAND DER BEOBACHTUNG UND DER BETRACHTUNG

Der zweite Aspekt der anderen Sicht ist die ausschließliche Betrachtung und Beobachtung der eigenen Person. Auf diese Weise erkennen wir die Ursachen unserer Schwierigkeiten und finden die richtigen Lösungen für unsere Aufgaben. Das „Außen" oder die Kulisse unseres Lebens, unsere Schwierigkeiten sowie die anderen Menschen dienen uns dabei als Hilfe. Das „Außen" müssen wir weder beurteilen noch werten. Es ist nur Anlass, über uns nachzudenken und uns zu betrachten und zu beobachten. Wir konzentrieren uns immer ausschließlich auf uns selbst und unser Denken und Handeln. Wir stehen im Fokus, da wir unsere Schwierigkeiten nur auf dem Weg des Beobachtens unserer Person und unseres Handelns lösen können. Wir stellen uns deshalb liebe- und respektvoll in den Mittelpunkt.

## UNSERE GESTALTUNGSKRAFT

Der dritte Aspekt der anderen Sicht ist unsere Gestaltungskraft. Wir sollten uns immer wieder daran erinnern, dass wir allein unser Leben und damit unsere Realität gestalten. Das tun wir mit unserem Denken, mit unseren Aktionen und Reaktionen.

Unsere Gedanken und unser Handeln sind viel stärker und einflussreicher, als uns gerne eingeredet wird. Diese Kraft gilt es aber immer respektvoll und zum höchsten Wohl aller involvierten Parteien einzusetzen. Wir handeln nie gegen den Willen einer anderen Person.

## KOMMUNIKATION AUF ZWEI EBENEN

Der vierte Aspekt ist unsere Kommunikation, die einerseits auf der uns vertrauten Verstandesebene mit den fünf Sinnen erfolgt und andererseits auf der Seelen- oder Geistebene.

Vor allem die seelische und geistige Ebene ermöglicht es uns, mit anderen Menschen jederzeit in Gedanken zu kommunizieren. Das hilft uns vor allem beim Schritt der Vergebung, da ein persönlicher Kontakt manchmal nicht möglich oder auch nicht nötig ist.

Wir müssen uns aber auch bewusst sein, dass jeder Gedanke für die andere Person, wenn auch nicht bewusst, so doch unbewusst wahrnehmbar und spürbar ist. So gilt es wirklich seine eigenen Gedanken zu zügeln und die Priorität auf wohlwollende und liebevolle Gedanken zu setzen.

Wir können das selbst leicht feststellen. Wenn wir einer Person vor unserem Treffen liebevolle Gedanken senden, werden wir einen Unterschied spüren. Es ist faszinierend! Umgekehrt spürt eine Person auch unsere inneren Vorbehalte gegenüber ihr, selbst wenn sie es sich nicht erklären kann.

## EINE NEUE DIMENSION

Diese andere Sicht öffnet uns eine ganz neue Dimension. Es genügt, wenn wir diese andere Optik in unser eigenes Leben integrieren. Wir müssen unser Leben deshalb nicht auf den Kopf stellen. Trotzdem finden wir eine ganz neue Qualität in unserem Leben. Wir nehmen unser Leben in die eigenen Hände und beginnen es freudvoll zu gestalten. Die fünf Schritte unterstützen uns dabei.

Je konsequenter wir sie anwenden, desto schneller stehen wir einer schöneren und glücklicheren Welt gegenüber. Wir verändern unsere Realität. Wir fühlen uns immer wohler und zufriedener. Wir kommen in die Ruhe. Wir werden ausgeglichener und senden diesen inneren Frieden aus. Unsere innere Veränderung wirkt sich positiv auf unser Umfeld aus.

## LIEBE UND RESPEKT

Dieser Weg der Bewusstseinserweiterung führt uns automatisch immer mehr zu Liebe und Respekt für uns und unsere Mitmenschen. Wir lernen, uns anzunehmen und zu akzeptieren, so wie wir sind. Das ist ein Akt der Liebe und des Respekts. Je mehr wir uns lieben und respektieren lernen, desto mehr können wir das auch mit unseren Mitmenschen tun.

Gerade beim Muster „Belohnungssystem" zeigt sich überdeutlich, wie zentral die Liebe für unsere Existenz und unser Zusammenleben ist. Es ist das Elixier unseres Lebens. Ohne Liebe und Zuwendung verkümmern wir. Der liebevolle und respektvolle Umgang mit uns selbst ist Voraussetzung für die Auflösung unserer Schwierigkeiten. Nur wenn wir uns liebevoll annehmen und in Liebe die Schritte der Vergebung gehen, können wir unsere Aufgaben wirklich lösen.

Lao-tse schrieb über vier Tugenden, die wir zusätzlich als Richtschnur für ein liebevolles und respektvolles Handeln nutzen können. In meinen eigenen Worten sind das die vier folgenden Aspekte:

- Wir achten, verehren und schätzen alles Leben in all seinen Formen, weil wir alle Teil der Schöpfung sind.

- Wir denken und handeln ehrlich und authentisch in Respekt gegenüber uns und anderen.

- Wir denken und handeln in Sanftmut. Wir verhalten uns liebenswürdig und mit Fein- und Mitgefühl gegenüber uns und anderen.

- Wir unterstützen uns gegenseitig und arbeiten zusammen zum Wohl von uns allen.

Mit dieser neuen Sicht wurde für mich selbst ein neues Kapitel in meinem Leben aufgeschlagen. Die Erfahrungen, welche ich seither auch mit meinen Klienten mache, bestätigen mir das Gesagte immer wieder. Es hilft auch mir, in kleinen Schritten mein Verständnis für unser Dasein zu vertiefen.

Ich fühle mich vermehrt in der Lage, Geschehnisse, Lebensumstände und Begegnungen mit Menschen besser zu verstehen und zu erkennen, was diese für mich bedeuten. Ich kann diese Erkenntnisse besser einordnen und gebe ihnen das nötige Gewicht.

Je mehr ich dieses Verständnis umsetze, desto selbstverständlicher und einfacher wird die laufende Anwendung im täglichen Leben. Es bedeutet auch, dass der Umgang mit anderen Menschen angenehmer wird, weil ich viele unnötige Konfrontationen vermeiden kann. Meine innere Ruhe und Gelassenheit nimmt ständig zu.

Jeder kann diese andere Sicht in sein bestehendes Leben integrieren und damit bei sich und in seinem Umfeld positiv wirken. Wir haben alle die gleiche Aufgabe in diesem Leben, uns bewusst zu werden und bewusst zu sein. Es ist nur die Kulisse unseres Lebens und unseres Wirkungsfeldes, die sich unterscheidet.

Ich trenne mich mit dieser neuen Sicht laufend von den Steinen in meinem Rucksack, Stück für Stück. Ich ändere und lasse los. Das Vertrauen in mich selbst wächst.

Ich erkenne, wie sich meine zwischenmenschlichen Beziehungen und mein Umfeld positiv verändern. Meine Realität verändert sich und ich entdecke immer mehr, welch ungeheure Gestaltungskraft in uns ruht. Ich realisiere auch, dass ich mit dieser anderen Sicht, immer mehr zu agieren beginne. Immer weniger werde ich zu Reaktionen gezwungen, weil ich eine andere geistige Haltung und Sicht eingenommen habe. Das Leben wird immer leichter und macht noch mehr Freude. Dazu brauche ich nicht einmal ein Hilfsmittel. Es genügt, wenn ich mich auf alle Situationen, denen ich begegne und die mich fordern, einlasse und mit Vertrauen agiere.

Ich war aufgrund meiner früheren Arbeit immer schon geübt, Dinge zu hinterfragen. Natürlich lag mein Augenmerk dabei nur teilweise auf den verschiedenen Aspekten des Lebens und unseren Verhaltensmustern. Das habe ich geändert.

Jedes „Ich" gestaltet seine Realität selbst und jedes „Ich" hat die Kraft und die Möglichkeit, diese Realität zu verändern. Das fasziniert mich immer wieder aufs Neue.

Das Schöne ist die Tatsache, dass wir dies selbst tun und zuerst auch einfach einmal ausprobieren können. Es kostet nichts. Es braucht lediglich die Bereitschaft, sich mit diesen Gedanken anzufreunden und es zu versuchen.

Meine eigenen Erfahrungen zeigen mir, dass es funktioniert!

Ich rufe mir jeden Tag Folgendes in Erinnerung:

- Ich bin hier, um zu lernen und mein Bewusstsein zu erweitern.

- Ich lerne von der Außenwelt, weil sie mein Spiegel ist.

- Ich höre auf meinen Körper, weil er das Sprachrohr meiner Seele ist.

- Ich vertraue auf mich und meine eigene innere Gestaltungskraft.

- Ich gestalte mein Leben mit dieser Kraft liebevoll und mit Respekt.

- Ich übernehme die Verantwortung für mein Handeln.

- Ich lebe jeden Tag in Leichtigkeit und Freude.

# KAPITEL XIII

## PRAKTISCHE ÜBUNGEN
## FÜR RUHE UND STILLE

Ganz zum Schluss möchte ich noch zwei hilfreiche
Übungen mit auf den Weg geben. Die erste Übung
nutze ich täglich, um in die Ruhe zu kommen, um mich
energetisch zu reinigen und aufzutanken oder, um mir
Klarheit zu verschaffen. Die zweite Übung dient der Ent-
spannung und Erholung.

## VERBINDUNG MIT DER MITTE DER ERDE
## UND DER QUELLE

Sich selbst erforschen und kennenlernen ist eine wunderbare Sache. Wie wir gesehen haben, erweitert es
unser Bewusstsein. Dieser Weg bereitet viel Freude, er
kann aber manchmal auch ganz schön anstrengend sein.
Wenn wir das Gefühl haben, bei der Ursachenforschung
oder in schwierigen Situationen nicht vorwärtszukom-
men, hilft uns vor allem Ruhe und Stille.
   Es gibt verschiedene Möglichkeiten, Ruhe und Stille
zu erfahren. Wir können meditieren, in die Natur gehen
oder mit einfachen Übungen arbeiten. Ich habe Ver-
schiedenes gelernt und ausprobiert. Daraus ist eine
Übung entstanden, die ich am liebsten nutze und gerne
weitergebe.
   Die Übung bringt mich sehr schnell zur Ruhe. Sie

führt mich in die Stille und gibt mir Kraft, sowohl für den Geist als auch für meinen Körper. Sie erleichtert mir das Finden der Ursachen meiner Schwierigkeiten und Widerstände und hilft mir auch bei der Anwendung der fünf Schritte. Es ist eigentlich ganz einfach und kann an jedem Ort praktiziert werden. Die regelmäßige Anwendung zeigt das wirkliche Potenzial.

Wir können die Übung im Stehen, im Sitzen oder im Liegen machen. Wir schließen unsere Augen und atmen einmal tief ein und aus.

Wir stellen uns vor, dass wir uns mit der Mitte oder dem Herz der Erde verbinden. Dann richten wir unser Bewusstsein in die Mitte unseres Kopfes und beginnen ruhig und regelmäßig zu atmen. Schließlich verbinden wir uns in Gedanken mit der Quelle, dem Ursprung allen Seins.

Sobald wir unser Bewusstsein in die Mitte unseres Kopfes gerichtet haben, kommen wir bereits in die Ruhe. Wir sind bei uns in unserem Geist. Mit der Verbindung zur Mitte der Erde sind wir geerdet und mit der Verbindung zur Quelle mit unserem Ursprung verbunden. Das gibt uns ein Gefühl der Sicherheit und Geborgenheit.

Wir können in dieser gewonnenen Stille solange verharren, wie es für uns richtig ist und wir uns wohlfühlen. Wir sind in einem meditativen Zustand. Der Verstand ist ruhig gestellt und die Seele erhält mehr Raum.

Durch die Verbindung mit der Mitte der Erde und mit der Quelle werden unser Energiekörper und unser physischer Körper automatisch mit der nötigen Energie versorgt.

Dieser Zustand unterstützt uns auch bei der Suche nach der Ursache unserer Schwierigkeiten. Unsere Fragen werden in diesem Moment oder manchmal auch ein paar Tage später beantwortet. Natürlich können wir diese innere Ruhe auch nutzen, um Antworten auf Fragen allgemeiner Art zu erhalten.

Wenn wir den ganzen Tag unterwegs waren, hilft diese Übung, am Abend zu Hause alle Energien, die wir den ganzen Tag aufgenommen haben, loszulassen und uns mit neuer Energie von Erde und Quelle aufzuladen.

Die Übung ist auch gut geeignet, um negative Gedanken, Sorgen und Ängste abzugeben. Sie hilft vor dem Schlafengehen, schneller Ruhe und Schlaf zu finden. Wann immer wir Ruhe benötigen, können wir die Übung anwenden.

Wir können sie also bei unterschiedlichsten Situationen einsetzen. Wenn wir uns streiten, ärgern oder wütend werden oder Angst haben, sind wir nicht geerdet. In solchen Momenten hilft uns die sofortige gedankliche Verbindung mit der Mitte der Erde und der Quelle, die Situation sofort zu beruhigen, weil wir dann wieder geerdet und verbunden sind.

Es ist so einfach! Es ist nur eine Frage des Denkens!

Die folgenden drei Elemente prägen wir uns ein:

> ▸ Gedankliche Verbindung mit der Mitte der Erde

> ▸ Fokussierung des Bewusstseins in die Mitte des Kopfes

> ▸ Gedankliche Verbindung mit der Quelle

Alles andere ist der Fantasie, der jeweiligen Situation und der Kreativität jedes einzelnen überlassen.

## ENTSPANNUNG

Diese Entspannungsübung habe ich vor vielen Jahren bei einem meiner Arbeitgeber gelernt und seither regelmäßig praktiziert. Sie ist sehr effektiv und einfach.
Die Übung dauert rund zwanzig Minuten. Wir können sie sitzend oder liegend durchführen.

Wir schließen die Augen und stellen uns vor, dass wir die Tür eines Strandhauses öffnen und eintreten. Das Strandhaus besteht aus einem Raum, der lichtdurchflutet ist. Draußen ist es warm und sonnig. Wir ziehen uns um und treten auf die Veranda. Wir schauen auf das Meer und den weißen Sandstrand unter uns.

Von der Veranda führt eine Treppe hinunter zum Strand. Wir gehen zu dieser Treppe mit zehn Stufen und zählen mit jedem Schritt von zehn bis eins. Mit dem letzten Schritt setzen wir bereits den ersten Fuß in den warmen Sand. Wir suchen uns ein schönes Plätzchen und legen uns auf den Rücken in den Sand. Sofort spüren wir, wie der Sand unsere Beine, das Gesäß und den Rücken wärmt. Der ganze Körper entspannt sich.

Wir fühlen auch die Sonne, welche auf unseren Körper scheint und uns wärmt. Wir fokussieren unser Bewusstsein wiederum in die Mitte unseres Kopfes. Wir geben uns diesem angenehmen und entspannenden Gefühl ganz hin und genießen die Ruhe und das leichte Rauschen des Meeres.

In diesem Zustand bleiben wir zwanzig Minuten. Dann stehen wir in Gedanken wieder auf, schütteln den Sand weg und steigen die Treppe wieder hoch. Dabei zählen wir von eins bis zehn, bis wir wieder auf der Veranda stehen. Wir gehen ins Haus, ziehen uns um und verlassen das Strandhaus wieder durch die Tür. Das ist das Ende der Übung. Wir strecken uns, öffnen die Augen und stehen auf.

Wann immer wir verspannt sind oder zu wenig geschlafen haben, wird diese einfache Übung zu einem hilfreichen Begleiter.

## DER AUTOR

Richard Casanova, Jahrgang 1961, lebt und arbeitet in Zürich. Nach der Matura war er über zwanzig Jahre im Bankbereich als Devisenhändler und Anlageberater beschäftigt und leitete nach dem Studium der Rechtswissenschaft die Abteilung Geldwäschereibekämpfung einer großen Schweizer Bank.

Begegnungen mit verschiedenen Menschen und diverse Erlebnisse führten ihn nach seinem 50. Geburtstag zu seiner Berufung als Berater, Lehrer und Autor. Während seiner Ausbildung lernte er ein anderes bewusstes Denken und erhielt eine andere Sicht auf unser Leben. Heute gibt er sein Wissen und seine Erfahrungen in Seminaren und Workshops weiter und begleitet Menschen auf ihrem Weg.

www.richardcasanova.ch